Testing Program

VISTA®
HIGHER LEARNING

Boston, Massachusetts

ISBN: 978-1-62680-193-6

2 3 4 5 6 7 8 9 PP 19 18 17 16 15 14

Lessons 1-6 are common to **IMAGINA, Third Edition,** and **SUEÑA, Third Edition.** Lessons 7-10 apply only to **IMAGINA, Third Edition.**

Contenido

ANSWER KEY

About the Testing Program

This Testing Program contains all testing materials for **IMAGINA, Third Edition** and **SUEÑA, Third Edition.**

The **IMAGINA** Testing Program consists of the following: a vocabulary quiz and a grammar quiz for each of the textbook's ten lessons; a test for each of the textbook's ten lessons; an exam for **Lecciones 1–5** and **Lecciones 6–10**; an exam for **Lecciones 1–3, Lecciones 4–6,** and **Lecciones 7–10**; and an Optional Testing Section covering the **Cortometraje** and **Imagina** strand of each lesson. Answer keys and listening scripts are also provided.

The **SUEÑA** Testing Program consists of the following: a vocabulary quiz and a grammar quiz for each of the textbook's six lessons; a test for each of the textbook's six lessons; an exam for **Lecciones 1–3**; an exam for **Lecciones 4–6**; and an Optional Testing Section covering the **Cortometraje** and **Sueña** strand of each lesson. Answer keys and listening scripts are also provided.

Quizzes (*Minipruebas*)

Vocabulary and Grammar quizzes (**Minipruebas**) provide testing material for the **Para empezar** and **Estructuras** strands.

Each vocabulary quiz checks students' knowledge of the vocabulary presented in the **Para empezar** strand. In each quiz you will find 3 to 4 activities; formats include multiple choice, fill-in, matching, and sentence completions. The vocabulary quizzes consist of discrete items that can be easily and quickly corrected. Each vocabulary quiz is based on a 25-point scale; point values for each quiz section are provided in parentheses at the end of each activity's direction line.

Each grammar quiz checks students' knowledge of the structures presented in the **Estructuras** strand. Formats include multiple choice, fill-in, matching, and sentence completions. The grammar quizzes consist of discrete items that can be easily and quickly corrected. Each grammar quiz is based on a 50-point scale; point values for each quiz section are provided in parentheses at the end of each activity's direction line.

Lesson Tests (*Pruebas*)

Each lesson test (**Prueba**) begins with a listening comprehension section that relates to the lesson theme and reflects the language structures presented in the lesson. The listening passages are presented in a variety of real life formats such as commercials, advertisements, radio announcements, answering machine messages, and descriptive monologues. The comprehension items focus on students' global comprehension and, where appropriate, their ability to understand key details. The scripts for the listening passages are located in a separate section of this Testing Program following all of the quizzes, tests, exams, and optional testing sections.

After the listening section, you will find activities that check students' knowledge of the corresponding lesson's active vocabulary and grammatical structures. Formats include true/false, multiple choice, matching, cloze paragraphs, sentence completions, and answering questions. The vocabulary and grammar sections consist primarily of discrete items that can be easily and quickly corrected.

Each test contains several activities that emphasize personalized communication and self-expression. Students might answer a series of personal questions or create a short conversation. In contrast to the other activities, which can be characterized as achievement-oriented, these sections target language proficiency.

Each test contains a reading section. Each one tests students' reading skills and relates thematically to its corresponding lesson in the textbook. Each one is followed by a set of comprehension questions as well as a set of open-ended questions.

Finally, each test ends with a composition that emphasizes personalized communication and self-expression. Students are asked to generate a brief writing sample designed to elicit the vocabulary and grammar of the corresponding textbook lesson within a natural, realistic context.

Each test is based on a 100-point scale; point values for each test section are provided in parentheses at the end of each activity's direction line.

Exams (*Exámenes*)

The exams follow the same general organization as the lesson tests. Each **Examen** begins with a listening comprehension section, continues with vocabulary and grammar checks, contains communicative sections, followed by reading sections, and finally writing sections. The exams are cumulative and comprehensive, encompassing the main vocabulary fields, key grammatical points, and principal language functions covered in the corresponding textbook lessons. The scripts for the listening passages are at the end of the Testing Program. Like the tests, each exam is based on a 100-point scale; point values for each section are provided in parentheses at the end of each activity's direction lines.

Optional Testing Sections

Optional Testing Sections provide testing material on the **Cortometraje** and **Imagina/Sueña** sections. Students may have to write a small paragraph incorporating the vocabulary and grammar of the lesson, or answer questions related to the readings.

Suggestions for Use

You can alleviate many students' test anxieties by telling them in advance how many points are aligned to each section of a quiz, test, or exam and by providing them with a few sample test items. When administering the listening section of the tests or exams, it is a good idea to begin by going over the direction lines with students so that they are comfortable with the instructions and the context of the passage they will hear. You might also take a few minutes to have students look over the items and let them know whether you plan to play or read the listening passage aloud once or twice. It is recommended that you play or read it twice at a normal rate of speed without emphasizing or pausing to isolate specific words or expressions.

While the materials in the quizzes, tests, exams, and optional testing sections reflect the contents of the corresponding lessons in the **IMAGINA/SUEÑA** student text, you may have emphasized certain vocabulary items, grammatical points, or textbook sections more or less than others. Because of this, it is strongly recommended that you look over each quiz, test, exam, or optional testing section in advance to ensure that it reflects the vocabulary, grammar, and language skills you have stressed in your classes. Additionally, you should feel free to modify a quiz, test, exam, or optional testing sections so that it meets the guideline of "testing what you teach." To this end, the Testing Program is also available in RTF files enabled for editing. These files are on the **IMAGINA** and **SUEÑA** Supersites (at **vhlcentral.com**).

MINIPRUEBA

Lección 1

Para empezar

1 **Estados civiles y emocionales** Completa las oraciones con las siguientes palabras. (8 × 1 pt. each = 8 pts.)

agobiada	cita a ciegas	mentirosa	romper
celoso	emocionada	merece	soltera

1. María no está casada, está _____.
2. Tengo muchísimo trabajo, por eso estoy tan _____.
3. Julia se divorció porque su marido era muy _____.
4. Ana estaba muy _____ al ver a su hijo; llevaba más de dos meses sin verlo.
5. Es muy difícil creer a una persona tan _____.
6. Tú eres demasiado buena para Pablo; él no _____ tu amor.
7. Quiero _____ mi relación con Miguel, pero no sé cómo decírselo.
8. Andrés nunca ha tenido una _____.

2 **Unir** Empareja las partes para formar oraciones. (5 × 1 pt. each = 5 pts.)

1. Quiero pedirle a Sara que salga conmigo, _____
2. Si sigues engañando a Luis, _____
3. Andrés es viudo; _____
4. Amalia es una chica muy tacaña; _____
5. Raúl no es muy guapo, _____

a. él te va a dejar.
b. cuando salimos nunca gasta su dinero.
c. pero soy demasiado tímido.
d. pero es maduro y sensible.
e. perdió a su mujer el año pasado.

3 **Cita** Completa la entrada del diario de Raúl. (6 × 2 pts. each = 12 pts.)

confío	coquetea	disgustada	estoy harto	genial	inseguro

Querido diario:

Carolina es una chica (1) _____. Cada día estoy más enamorado de ella, pero no sé qué pensar. Yo (2) _____ en Carolina, pero a veces creo que ella (3) _____ con otros chicos. Yo (4) _____ de la situación. Por otro lado, Carolina está muy (5) _____ conmigo y dice que soy muy (6) _____. ¿Qué hago?

MINIPRUEBA

Lección 2

Para empezar

1   **Completar** Elige la opción correcta para cada oración. (5 × 1 pt. each = 5 pts.)

1. Maricarmen se perdió en el centro de la ciudad, así que le _____ a la primera persona que vio.

   a. indicó el camino   b. preguntó el camino   c. hizo diligencias

2. Buenos Aires y Nueva York son dos ciudades muy _____.

   a. ruidosas   b. vacías   c. pequeñas

3. En la discoteca hay _____ que dice que no se admiten personas menores de 21 años.

   a. una acera   b. un letrero   c. un barrio

4. Miguel y yo llegamos tarde al teatro porque había mucho _____.

   a. tráfico   b. transporte público   c. estacionamiento

5. Cuando el tren llegó a la estación los _____ se bajaron.

   a. peatones   b. ciudadanos   c. pasajeros

2   **Definiciones** Empareja cada palabra con su definición. (8 × 1 pt. each = 8 pts.)

_____ 1. tren subterráneo   a. semáforo

_____ 2. sistema de luces para controlar el tráfico   b. avenida

_____ 3. lugar público para celebrar eventos deportivos   c. cine

_____ 4. estación de policía   d. metro

_____ 5. calle grande y larga   e. estadio

_____ 6. distancia entre una esquina de calle y la siguiente   f. rascacielos

_____ 7. edificio muy alto con muchos pisos   g. comisaría

_____ 8. lugar donde se proyectan películas   h. cuadra

3   **La ciudad de Mataró** Completa el párrafo. (6 × 2 pts. each = 12 pts.)

afueras	dar un paseo	plazas
conversar	disfruta de	recorrer

Mataró es una ciudad que está a las (1) _____ de Barcelona, apenas a media hora en autobús. La ciudad tiene muchas (2) _____ donde los jóvenes se reúnen para (3) _____ de fútbol. También tiene muchos restaurantes donde la gente (4) _____ la gastronomía local. Si visitas Mataró, también puedes (5) _____ junto al mar Mediterráneo. No es un ciudad muy grande y se puede (6) _____ en menos de una hora.

MINIPRUEBA

Lección 3

Para empezar

1 **Completar** Completa las oraciones. (5 × 1 pt. each = 5 pts.)

> el horóscopo   los programas de telerrealidad   la sección deportiva
> el periodista   la publicidad

1. Manuel Vega es _____ más veterano de la revista *Tiempo*.
2. En _____ están los doce signos del zodiaco.
3. Mi parte favorita de las noticias es _____, porque soy un fanático del fútbol.
4. Reconozco que me gustan _____, porque los personajes no son estrellas de cine.
5. Deberían reducir _____ en las series de televisión. ¡A veces dura más de 10 minutos!

2 **Emparejar** Forma oraciones lógicas. (5 × 2 pts. each = 10 pts.)

1. Me gustan más los documentales que _____
2. Para ser locutor de radio hay que _____
3. Las noticias locales te informan específicamente de _____
4. Había cámaras en la calle porque _____
5. Las noticias de los periódicos digitales _____

a. lo que pasa en tu ciudad.
b. las telenovelas.
c. se pueden leer en la computadora.
d. tener muy buena voz.
e. estaban haciendo un video musical.

3 **Guillermo del Toro** Completa el párrafo. (10 × 1 pt. each = 10 pts.)

> el actor   estreno
> la actriz   películas
> banda sonora   público
> director   transmitió
> efectos especiales rodó

Guillermo del Toro es un (1) _____ de cine mexicano. Ha ganado numerosos premios con sus (2) _____ de terror y fantasía histórica, como *El laberinto del fauno*, película que ganó varios premios por sus (3) _____. También (4) _____ películas basadas en tiras cómicas, como *Hellboy* y *Blade II*. En enero de 2008, la televisión (5) _____ la noticia de que Del Toro dirigiría *El Hobbit*, pero al final renunció. Fue productor de *Mamá*, una película con (6) _____ del músico español Fernando Velázquez, y con (7) _____ Jessica Chastain y (8) _____ Nikolaj Coster-Waldau de protagonistas. El (9) _____ de esta película fue en 2013. Guillermo del Toro es un director muy querido por el (10) _____ internacional.

MINIPRUEBA

Lección 4

Para empezar

1 **Completar** Elige la opción correcta. (5 × 1 pt. each = 5 pts.)

1. Don Francisco está en la _____; ya tiene 75 años.
   a. edad adulta   b. niñez   c. vejez

2. Amalia ha _____ los ojos verdes de su padre.
   a. heredado   b. realizado   c. parecido

3. La profesora de inglés es muy _____, rígida e inflexible.
   a. egoísta   b. honrada   c. estricta

4. El _____ de Luis es "el Tornado", ¡destruye todo lo que toca!
   a. nacimiento   b. apodo   c. pariente

5. César es de _____ peruana, por eso habla español.
   a. patria   b. autoestima   c. ascendencia

2 **Parientes** Decide si cada afirmación es cierta o falsa. (8 × 1 pt. each = 8 pts.)

	Cierto	Falso
1. El marido de mi hermana es mi cuñado.	O	O
2. La madre de mi primo es mi madrastra.	O	O
3. La esposa de mi hijo es mi nuera.	O	O
4. El hermano de mi padre es mi sobrino.	O	O
5. Los hijos de mi hermana son mis primos.	O	O
6. El padre de mi esposa es mi suegro.	O	O
7. El hermano de mi abuelo es mi tío abuelo.	O	O
8. El marido de mi hija es mi yerno.	O	O

3 **Mi hermano** Completa el párrafo. (8 × 1.5 pts. each = 12 pts.)

adolescente	brecha generacional	peleamos	sumiso
adulto	carácter	rebelde	unidos

Mi hermano y yo nos (1) _____ mucho. Yo creo que es porque existe una gran (2) _____ entre nosotros. Él es quince años mayor que yo. Yo soy (3) _____ y mi hermano es (4) _____; estamos en etapas de la vida muy distintas. Yo soy un poco (5) _____ con mis padres y hago lo que quiero. En cambio, mi hermano es más (6) _____ y siempre obedece a mis padres. A pesar de las diferencias de (7) _____ y las peleas, creo que estamos bastante (8) _____.

MINIPRUEBA   # Lección 5

Para empezar

1 **Completar** Completa las oraciones. (5 × 1 pt. each = 5 pts.)

| aire libre | especie en peligro | proteger |
| dañino | focas | |

1. El smog puede ser _____ para la salud.

2. Debemos _____ la naturaleza para las generaciones futuras.

3. El cóndor de California es una _____.

4. Las _____ son mamíferos marinos.

5. Prefiero estar al _____ que quedarme en casa viendo la televisión.

2 **Definiciones** Empareja las partes de cada columna. (8 × 1 pt. each = 8 pts.)

1. Un bosque es _____   a. un combustible fósil del que se obtiene la gasolina.
2. Una cordillera es _____   b. el aumento de la temperatura de la Tierra.
3. El petróleo es _____   c. corto, insuficiente o limitado.
4. El calentamiento global es _____   d. tomar aire y exhalarlo.
5. Un terremoto es _____   e. un sitio poblado de árboles.
6. Respirar es _____   f. un tipo de reptil.
7. Un lagarto es _____   g. una serie de montañas.
8. Algo escaso es _____   h. un movimiento fuerte de la tierra.

3 **El futuro del planeta** Completa el párrafo. (8 × 1.5 pts. each = 12 pts.)

la capa de ozono	porvenir
empeorar	prevenir
híbridos	renovables
medio ambiente	tóxicos

Reciclar es muy importante porque ayuda a (1) _____ la destrucción del (2) _____. Si los seres humanos seguimos contaminando y dañando el planeta, la situación podría (3) _____ drásticamente, provocando un daño irreparable de (4) _____ en la atmósfera terrestre. Además de reciclar, hay muchas otras formas con las que los seres humanos podemos evitar esta terrible situación; por ejemplo, reducir el uso de productos (5) _____, utilizar energías (6) _____, manejar carros (7) _____, etc. Cuidemos de nuestro mundo; es por el (8) _____ de todos.

Lección 5 Miniprueba   **5**

MINIPRUEBA   # Lección 6

Para empezar

1 **Grupos** Indica qué palabra no pertenece al grupo. (5 × 1 pt. each = 5 pts.)

1. tribunal	encarcelar	juzgar	ejército
2. crueldad	bandera	terrorismo	víctima
3. secuestrar	chantajear	pacífico	amenazar
4. arma	violencia	inseguridad	desigualdad
5. político	crueldad	abogado	senador

2 **Sinónimos** Escribe el sinónimo de cada palabra. (10 × 1 pt. each = 10 pts.)

abuso	elegir
amenaza	gobernar
creencia	libertad
conservador	pelear
destrozar	temor

1. intimidación _____

2. seleccionar _____

3. tradicional _____

4. luchar _____

5. destruir _____

6. independencia _____

7. mandar _____

8. injusticia _____

9. miedo _____

10. convicción _____

3 **Completa** Completa las oraciones. (10 × 1 pt. each = 10 pts.)

analfabeta	liberal
armada	manifestante
espiar	presidente
guerra	secuestró
ladrón	votó

1. El partido _____ de Chile consigue una nueva victoria.

2. El _____ colombiano visitará la Casa Blanca la semana que viene.

3. El 15% de la población mundial es _____; no sabe leer ni escribir.

4. Ha sido detenido el hombre que _____ a dos turistas en Yucatán.

5. Un _____ resultó muerto en las protestas contra la reforma educativa.

6. Miles de personas piden el fin de la _____ en Siria.

7. Más de un 30% de mexicanos no _____ en la últimas elecciones.

8. Arrestan a un _____ con tres cuadros de Picasso.

9. El acusado de _____ para Rusia tenía documentos secretos.

10. Un submarino de la _____ argentina da la vuelta al mundo.

MINIPRUEBA

Lección 7

Para empezar

1 **Emparejar** Completa las expresiones. (5 × 1 pt. each = 5 pts.)

1. empresa _____
2. estar _____
3. bolsa _____
4. cuenta _____
5. tener _____

a. bajo presión
b. de ahorros
c. conexiones
d. multinacional
e. de valores

2 **Definiciones** Completa las definiciones. (10 × 1 pt. each = 10 pts.)

agotada	ascender	cajero automático	impuesto	riqueza
almacén	asesor	desempleado	jubilarse	vendedor

1. En un _____ se puede sacar dinero.
2. Un _____ es una persona que aconseja a otras sobre sus negocios.
3. Un _____ es una tienda muy grande.
4. Una persona _____ es una persona muy cansada.
5. Un _____ es una persona que vende.
6. Lo contrario de pobreza es _____.
7. El dinero que debes pagar al gobierno es un _____.
8. _____ es dejar de trabajar a cierta edad.
9. _____ es recibir un puesto de más responsabilidad en tu compañía.
10. Estar _____ significa no tener trabajo.

3 **Elegir** Completa esta carta de un empleado a su jefe. (10 × 1 pt. each = 10 pts.)

aumento de sueldo	contratar	exijo	perezosa	sindicato
compañía	crisis económica	horario	renunciar	trabajadora

Señor director:

Tiene que (1) _____ a una persona responsable y (2) _____ para nuestra (3) _____. Ya sé que es difícil contratar a gente por la (4) _____, pero yo no puedo hacer el trabajo de dos personas. Es injusto que usted me haga trabajar tantas horas extra. Si no contrata a nadie, (5) _____ que al menos me dé un (6) _____. Si no, llamaré al (7) _____. Además, quiero otro (8) _____ de trabajo. Yo no soy una persona (9) _____, pero no quiero trabajar los sábados. Por favor, solucione esta situación; si no, tendré que (10) _____ a mi puesto.

Atentamente,

Antonio González

MINIPRUEBA
Lección 8

Para empezar

1   **Completar** Elige la opción correcta. (5 × 1 pt. each = 5 pts.)

1. El avión va a (alcanzar / aterrizar) dentro de 15 minutos.

2. Cuando se hacen cambios en un documento, es muy importante (guardarlo / crearlo).

3. Puedes (descargar / curar) tus canciones favoritas de Internet.

4. ¡Oh, no! ¡He (borrado / avanzado) todas las canciones que tenía en mi CD!

5. Google es el (buscador / inalámbrico) más usado de todo el mundo.

2   **Definiciones** Empareja las partes de cada columna. (8 × 1 pt. each = 8 pts.)

_____ 1. La genética es   a. la fuerza de atracción de la Tierra.

_____ 2. Un invento es   b. una creación tecnológica.

_____ 3. Un agujero negro es   c. una forma de vida que no es de la Tierra.

_____ 4. La gravedad es   d. una persona que estudia los seres vivos.

_____ 5. Clonar es   e. el estudio de los genes.

_____ 6. Un telescopio es   f. copiar un ser vivo dos o más veces.

_____ 7. Un biólogo o una bióloga es   g. un instrumento para observar las estrellas.

_____ 8. Un extraterrestre es   h. una región misteriosa del universo.

3   **La computadora de la abuela** Completa el párrafo. (12 × 1 pt. each = 12 pts.)

adjuntar	celular	computadora	dirección	mensajes	red
arroba	comprobar	contraseña	informática	ortográfico	usuario

Hola, abuela:

¿Cómo estás? ¿Te gusta tu nueva (1) _____ portátil? Voy a explicarte cómo abrir una cuenta de correo electrónico. Primero, elige un nombre de (2) _____ y una (3) _____ de un mínimo de seis caracteres. Para (4) _____ que tu cuenta funciona adecuadamente, escribe un mensaje con tu nueva (5) _____ electrónica. ¡No te olvides de poner el símbolo de (6) _____! Si quieres (7) _____ un archivo, sólo tienes que hacer clic en el icono del clip. Puedes utilizar tu cuenta en un teléfono (8) _____ con acceso a la (9) _____. El correo electrónico también tiene un corrector (10) _____. Sé que la (11) _____ te asusta un poco, pero estoy seguro de que puedes hacerlo. El año pasado enviaste (12) _____ de texto sin problema.

Un beso muy fuerte,

Mario

MINIPRUEBA

Lección 9

Para empezar

1 **No pertenece** Indica qué palabra no pertenece al grupo. (5 × 1 pt. each = 5 pts.)

1. teatro	espectáculo	concierto	videojuego
2. brindar	charlar	festejar	celebrar
3. anfitriona	deportista	atleta	carrera
4. vencer	actuar	perder	ganar
5. gritar	silbar	apostar	aplaudir

2 **Completar** Completa las oraciones (10 × 1 pt. each = 10 pts.)

aburrido	entradas	lastimar
aguafiestas	espectadores	parque de atracciones
coleccionar	esquí alpino	salir
comedia		

1. Mi amiga Cristina es una _____; nunca quiere ir a bailar.

2. Ya tengo las _____. Son muy caras, pero vale la pena.

3. No me gusta el _____; es demasiado peligroso.

4. El mes pasado miles de _____ vieron *El fantasma de la ópera*.

5. Voy a _____ sellos de países del Caribe.

6. ¡Otra película de acción no, por favor! Prefiero reírme viendo una _____.

7. El _____ más grande del mundo es Disney World, en Florida.

8. Si juegas el partido sin botas de fútbol te vas a _____ el pie.

9. Vamos a _____ todos juntos a un restaurante argentino.

10. Jugar a las cartas es muy _____; hacer deporte es más divertido.

3 **¿Lógico o ilógico?** Decide si lo que se dice en cada oración es lógico o ilógico. (5 × 2 pts. each = 10 pts.)

	Lógico	Ilógico
1. A María le fascinan los deportes extremos, como los naipes y el boliche.	◯	◯
2. Una feria es un buen lugar para reunirse con tu jefe.	◯	◯
3. Te voy a decir un secreto pero, por favor, no corras la voz.	◯	◯
4. El Barcelona y el Madrid empataron: marcaron un gol cada uno.	◯	◯
5. El andinismo es mi juego de mesa favorito.	◯	◯

MINIPRUEBA

Lección 10

Para empezar

1 **Elegir** Elige la palabra correcta. (5 × 1 pt. each = 5 pts.)

1. A los inmigrantes no les resulta fácil (adaptarse / prescindir) a su nuevo país.

2. España (atrae / anticipa) a millones de turistas cada año.

3. (El lujo / El diálogo) es muy importante para que haya paz en el mundo.

4. Ana emigró a México (prevista / sola); todos sus parientes se quedaron en España.

5. Gloria es una persona que siempre luchó por sus (daños / ideales).

2 **Sinónimos** Empareja cada palabra con el sinónimo correcto. (10 × 1 pt. each = 10 pts.)

amnistía	disminuir	lograr	natalidad	predecir
caos	diversidad	maltrato	polémica	superarse

1. confusión _____

2. variedad _____

3. nacimientos _____

4. reducir _____

5. mejorar _____

6. libertad _____

7. conseguir _____

8. controversia _____

9. abuso _____

10. adivinar el futuro _____

3 **Completar** Completa las oraciones. (10 × 1 pt. each = 10 pts.)

alcanzar	enriquecido	extrañar	integrarse	nivel de vida
conformista	establecido	frontera	monolingüe	pertenecer

1. Parece que María Elena va a _____ su sueño: ser ciudadana de Canadá.

2. Si emigro a otro país, voy a _____ muchísimo a mi familia.

3. No soy una persona _____; por eso voy a protestar en la manifestación.

4. No pudieron pasar por la _____ porque no tenían sus pasaportes.

5. Me gustaría _____ a una organización humanitaria.

6. _____ en un nuevo país es un proceso lento y difícil.

7. Ser _____ significa hablar sólo tu lengua materna.

8. El país se ha _____ mucho con el petróleo.

9. Los Martínez ya se han _____ en el nuevo país: tienen trabajo y su hija está en la escuela.

10. Eva y Daniel tienen empleos muy bien pagados y disfrutan de un buen _____.

MINIPRUEBA   # Lección 1

Estructuras

1   **Completar**   Elige la opción correcta para cada oración. (5 × 1 pt. each = 5 pts.)

1. Nosotros no _____ mentirosos.
   a. somos   b. estamos
2. Mi compañero de habitación _____ enojado conmigo.
   a. es   b. está
3. Nosotros _____ en Argentina, pero somos de México.
   a. somos   b. estamos
4. Yo _____ muy emocionado por la llegada de mi novia.
   a. soy   b. estoy
5. Raquel y Marta _____ amigas inseparables, siempre están juntas.
   a. son   b. están

2   **Ser o estar**   Completa el párrafo con la forma correcta de los verbos **ser** o **estar**.
(10 × 1 pt. each = 10 pts.)

Yo (1) _____ de San Diego, California, pero el año pasado me mudé al estado de

Nueva York. El clima de Nueva York (2) _____ muy duro en el invierno. Yo

(3) _____ estudiante de español y (4) _____ viviendo en Wells. Wells

(5) _____ un pueblo muy bonito que (6) _____ junto a un lago. Yo

todavía no (7) _____ acostumbrado al frío. (8) _____ fácil deprimirse

con tantos días de lluvia y nieve, pero mis vecinos (9) _____ maravillosos. Nosotros

siempre (10) _____ planeando actividades interesantes.

3   **Verbos irregulares**   Completa las oraciones con el presente de indicativo de los verbos.
(10 × 1 pt. each = 10 pts.)

1. Yo no _____ (conducir) porque no tengo licencia.
2. ¿Por qué Sofía no _____ (poder) confiar en ti?
3. Yo _____ (salir) con mis amigas todos los viernes.
4. ¿Ustedes _____ (pensar) que a veces Manuel se pone pesado?
5. Yo _____ (escoger) a mis amistades.
6. Ellos sólo _____ (pedir) que no seas tan tacaño.
7. Y tú, ¿cuántos años _____ (tener)?
8. Si yo _____ (traducir) los documentos del divorcio, ¿los vas a leer?
9. Lo siento, ahora usted no _____ (poder) cambiar de opinión.
10. En esta fotografía yo _____ (parecer) muy viejo.

4 **Una chica increíble** Completa el párrafo con el presente de indicativo de los verbos entre paréntesis. (5 × 1 pt. each = 5 pts.)

Hace mucho tiempo que yo no (1) _____ (conocer) a una persona tan interesante.

Se llama Adela. Ella (2) _____ (estudiar) Relaciones internacionales en la

misma universidad que yo y (3) _____ (residir) en el mismo campus. Adela

(4) _____ (tener) una hermana que también estudia en la universidad. Yo

(5) _____ (querer) conocerla.

5 **Gustos** Completa las oraciones. (8 × 1 pt. each = 8 pts.)

> **modelo**
>
> A Julio _le gusta_ (gustar) la comida mexicana.

1. A mí _____ (encantar) ir al teatro contigo.

2. A mi hermano _____ (faltar) cinco dólares para la pizza.

3. A nosotros _____ (fascinar) la arquitectura española.

4. A ella _____ (doler) mucho la separación de sus padres.

5. A mí _____ (caer bien) las personas sinceras.

6. ¿A ustedes _____ (preocupar) estar solteros?

7. A Pablo y a mí _____ (aburrir) las películas románticas.

8. A ellos no _____ (quedar) dinero.

6 **Concordancia** Escribe oraciones con el verbo **gustar**. (6 × 2 pts. each = 12 pts.)

> **modelo**
>
> Mark y Carlos / las películas románticas
> *A Mark y a Carlos les gustan las películas románticas.*

1. Pedro / discutir aunque no tenga razón

   _____

2. Juana y Camila / el cine mexicano

   _____

3. Isabel / no / las sorpresas

   _____

4. mis hermanos / la poesía más que la novela

   _____

5. yo / mucho los poemas de Pablo Neruda

   _____

6. todos / el nuevo profesor de biología

   _____

MINIPRUEBA

Lección 2

Estructuras

1 **Una noche de película** Completa el párrafo con el pretérito de los verbos entre paréntesis.
(8 × 1 pt. each = 8 pts.)

La semana pasada mis amigos y yo (1) _____ (ir) al cine. Nosotros

(2) _____ (ver) una película de acción. Creo que por eso Marta no

(3) _____ (querer) venir, ella prefiere las comedias. De todas formas, nosotros lo

(4) _____ (pasar) muy bien. La película (5) _____ (acabar) a las 10 p.m.

Mis amigos (6) _____ (conducir) a casa, pero yo (7) _____ (caminar)

porque quería disfrutar del camino. No pude disfrutar mucho, porque de repente

(8) _____ (comenzar) a llover.

2 **El pretérito** Completa las oraciones con el pretérito de los verbos entre paréntesis.
(10 × 1 pt. each = 10 pts.)

1. Juan, ¿_____ (estudiar) los verbos irregulares?

2. Todos mis amigos _____ (pedir) melón de postre.

3. La fiesta de Elena _____ (estar) genial.

4. Arturo, ¿dónde _____ (poner) los libros?

5. Mis amigos no _____ (saber) qué contestar.

6. El Sr. Ledesma _____ (abrir) el restaurante a las tres de la tarde.

7. ¡Por fin, Ana _____ (empezar) a leer *El Quijote*!

8. Mamá, ¡no me _____ (traer) el champú del supermercado!

9. Muchachos, ¿_____ (leer) el artículo que les mandé?

10. El lunes pasado Andrea sólo _____ (dormir) cuatro horas.

3 **Antes** Completa las oraciones con el imperfecto de los verbos. (6 × 1 pt. each = 6 pts.)

1. Manuel empezó a estudiar español cuando _____ (tener) 15 años.

2. Mis padres _____ (vivir) en Guatemala cuando yo nací.

3. Cuando tú _____ (ser) pequeña, siempre querías ir al museo los fines de semana.

4. Ustedes siempre _____ (ir) al centro comercial, pero nunca compraban nada.

5. Sofía y José siempre _____ (pasear) en bicicleta por las tardes.

6. Mi hermano sólo _____ (pensar) en el fútbol, pero ahora prefiere el béisbol.

4   **El imperfecto** Completa cada oración con la forma correcta del imperfecto de los siguientes verbos. (5 × 2 pts. each = 10 pts.)

> estar   haber   jugar   practicar   viajar

1. Junto a la biblioteca _____ un pequeño teatro.

2. Todos los veranos, mi hermano y yo _____ la natación.

3. Cuando mi padre era joven, _____ por todo el mundo.

4. Cuando me llamaste por teléfono yo _____ en la ducha.

5. Todos los martes, Sara y yo _____ al tenis.

5   **Elegir** Elige el pretérito o el imperfecto para completar correctamente cada oración. (6 × 1 pt. each = 6 pts.)

1. Yo _____ en 1995, ¿y tú?
   a. nací   b. nacía

2. La carrera de medicina es muy difícil pero Andrés _____ terminarla.
   a. pudo   b. podía

3. Quise hablar con ella pero no _____ su idioma.
   a. supe   b. sabía

4. Yo _____ un burrito, lo pagué y me lo comí.
   a. pedí   b. pedía

5. Siempre que iba a Nueva York me _____ en el metro.
   a. perdí   b. perdía

6. Ella _____ muy nerviosa antes de la boda.
   a. estuvo   b. estaba

6   **Escribir** Escribe oraciones con el pretérito o el imperfecto. (5 × 2 pts. each = 10 pts.)

> **modelo**
> ese día / ustedes (llegar) con media hora de retraso
> *Ese día llegaron con media hora de retraso.*

1. cuando te vi / (ser) las diez y media de la noche

    _____

2. todas las mañanas / ellos (desayunar) café con leche

    _____

3. durante la tormenta / nosotros (ver) una película de Antonio Banderas

    _____

4. de niño / yo siempre (leer) las tiras cómicas de Mafalda

    _____

5. en 2004 / yo (correr) el maratón de Sevilla

    _____

MINIPRUEBA

Lección 3

Estructuras

1 **Completar** Escribe los verbos en la forma correcta del presente de subjuntivo.
(8 × 1.5 pts. each = 12 pts.)

1. No creo que yo _____ (jugar) al fútbol este domingo.

2. Es importante que los periodistas _____ (ser) independientes.

3. Deseo que el cine mexicano _____ (seguir) teniendo éxito.

4. Me opongo a que el Teatro Nacional _____ (subir) el precio de las entradas.

5. Dudo que hoy _____ (comenzar) la nueva temporada de tu telenovela.

6. Quiero que María Estrada _____ (salir) a saludar. ¡Es mi actriz favorita!

7. Te sugiero que _____ (ver) la última película de Robert Rodríguez.

8. Cuando yo _____ (venir) te traeré el periódico.

2 **María Torres** Completa el diálogo con el indicativo o el subjuntivo de los verbos.
(8 × 1 pt. each = 8 pts.)

PERIODISTA   María, nos alegramos mucho de que (1) _____ (hayas / haya)
venido. No creo que estos días tú (2) _____ (tengamos / tengas)
mucho tiempo, ¿no?

MARÍA TORRES   La verdad, no es que (3) _____ (estén / esté) muy ocupada.
Estamos rodando una película, pero con esta lluvia no creo que nosotros
(4) _____ (trabajemos / trabajes) hoy.

PERIODISTA   ¿Esperas que esta nueva película (5) _____ (tengan / tenga)
mucho éxito?

MARÍA TORRES   Por supuesto. Es probable que la (6) _____ (elijan / elijas)
para un festival de cine. Espero que al público le (7) _____
(gustemos / guste) la película tanto como a mí.

PERIODISTA   Muchas gracias, María. Ojalá que tu película (8) _____
(ganes / gane) un Óscar.

3 **Pronombres de complemento directo** Reescribe las oraciones. (5 × 1 pt. each = 5 pts.)

> **modelo**
> Van a leer un artículo de prensa.
> *Van a leerlo. / Lo van a leer.*

1. Van a rodar una nueva película. _____

2. Voy a escribir una carta. _____

3. Deben contratar a los actores. _____

4. Quieren ver una obra de teatro. _____

5. Ellos van a escribir libros de ciencia ficción. _____

4 **Pronombres preposicionales** Completa las oraciones. (5 × 1 pt. each = 5 pts.)

> modelo
>
> Yo sólo quiero bailar ___contigo___ (con / tú).

1. Este video es _____ (para / tú).

2. Rosa siempre lleva un horóscopo _____ (con / ella).

3. Ese premio me lo dieron _____ (a / yo).

4. No voy a cantar sola esa canción, la quiero cantar _____ (con / tú).

5. Juan está con Ana y Laura está aquí _____ (con / yo).

5 **Consejos** Reescribe las oraciones de dos formas diferentes. (5 × 2 pts. each = 10 pts.)

> modelo
>
> Ustedes deberían ver la película de Almodóvar.
> *Vean la película de Almodóvar. / Véanla.*

1. Tú tendrías que pasear al perro.

   _____

2. Nosotros deberíamos leer la revista.

   _____

3. Usted debe buscar información en Internet.

   _____

4. Nosotros deberíamos leer el artículo de Pablo.

   _____

5. Usted debería traer su perro.

   _____

6 **Imperativo indirecto** Reescribe las oraciones. (5 × 2 pts. each = 10 pts.)

> modelo
>
> El mejor debe ganar.
> *Que gane el mejor.*

1. Tiene que llover. _____

2. Ahora tiene que pasar el siguiente. _____

3. No deben darle el primer premio. _____

4. Deben lavar los platos. _____

5. Tienen que pagar antes de irse. _____

MINIPRUEBA

Lección 4

Estructuras

1 **Indicativo o subjuntivo** Completa las oraciones. (5 × 1 pt. each = 5 pts.)

1. No conozco a nadie que _____ (estudia / estudie) tanto como tú.

2. Ana tiene un tío en Florida que _____ (es / sea) médico.

3. ¿Hay algún lugar por aquí que _____ (tiene / tenga) Wi-Fi?

4. Cada vez hay más personas que _____ (llegan / lleguen) a los cien años.

5. Necesito contratar a una persona que _____ (vive / viva) cerca de aquí.

2 **Mi familia** Completa el párrafo con el indicativo o con el subjuntivo. (6 × 2 pts. each = 12 pts.)

Mi familia (1) _____ (ser) muy grande. No conozco a nadie que

(2) _____ (tener) tantos hermanos y hermanas. ¡Somos nueve en total! Me gustaría

tener un hermano o una hermana que (3) _____ (jugar) al tenis, como yo; pero a

ninguno de ellos le (4) _____ (gustar) el deporte. Los únicos deportistas somos mi

padre y yo. A él le (5) _____ (preocupar) que ninguno de ellos

(6) _____ (hacer) ejercicio.

3 **Verbos reflexivos** Completa las oraciones. (6 × 1.5 pts. each = 9 pts.)

modelo

¿Ustedes siempre _____ (lavarse) las manos antes de comer?
¿Ustedes siempre se lavan las manos antes de comer?

1. ¿A qué hora _____ (levantarse) tú los fines de semana?

2. Yo siempre _____ (ducharse) por la mañana.

3. Mis hermanas _____ (arreglarse) mucho para ir al trabajo.

4. Víctor siempre _____ (ponerse) triste cuando tú te vas.

5. ¿Por qué no _____ (secarse) usted el pelo?

6. Tomás _____ (afeitarse) dos veces al día.

4 **Cambio de significado** Elige la opción correcta. (5 × 1 pt. each = 5 pts.)

1. Marta y su madre (parecen / se parecen) mucho. ¡Son casi idénticas!

2. Ana (pone / se pone) insoportable cuando no toma café por la mañana.

3. Camila (aburre / se aburre) mucho en clase de química; no le gustan nada las ciencias.

4. Laura y yo (saludamos / nos saludamos) a Pedro en la calle.

5. No (me acordé / acordé) de que tenía un examen de español.

5 **Preposiciones con verbos reflexivos** Elige la palabra correcta. (6 × 1 pt. each = 6 pts.)

1. Aquellas vacaciones se convirtieron _____ un infierno. ¡Qué horror!
   a. de   b. a   c. en

2. No me arrepiento _____ nada, al contrario.
   a. de   b. a   c. en

3. No me atrevo _____ nadar en ese lago. ¡El agua está muy fría!
   a. de   b. a   c. en

4. ¡No te olvides _____ traerme la novela que te presté!
   a. de   b. a   c. en

5. Miguel, ¡acércate _____ tu hermana y dile que lo sientes!
   a. de   b. a   c. en

6. ¡Fíjate _____ ese carro! ¡Qué bonito!
   a. de   b. a   c. en

6 **Por o para** Completa las oraciones. (6 × 1 pt. each = 6 pts.)

1. Hay que tener mucha paciencia _____ aprender un idioma.

2. Diego salió _____ Michigan a las tres de la tarde.

3. En esta calle no se puede conducir a más de 35 millas _____ hora.

4. Hoy tengo que comprar el regalo _____ mi padre.

5. Rodrigo vino a este país _____ razones económicas.

6. Jon cambió sus clases de chino _____ clases de español.

7 **De secundaria a la universidad** Completa el párrafo con **por** y **para**.
(7 × 1 pt. each = 7 pts.)

(1) _____ fin he acabado mis clases. Ya puedo despedirme de esta escuela

(2) _____ siempre. (3) _____ primera vez en mucho tiempo puedo

descansar. Mis hermanas mayores dicen que la secundaria no es (4) _____ tanto, pero

creo que ya no se acuerdan de lo difícil que es. (5) _____ mucho que se lo recuerdo,

ellas no se acuerdan. Y (6) _____ colmo, me dicen que lo único que hago es quejarme.

No es justo. ¡(7) _____ lo general, yo no me quejo tanto!

MINIPRUEBA

Lección 5

Estructuras

1 **Porvenir** Completa las oraciones con el futuro de los verbos entre paréntesis. (7 × 1 pt. each = 7 pts.)

1. Las generaciones del futuro _____ (proteger) el medio ambiente.

2. Cuando pase la crisis, yo _____ (vivir) en Buenos Aires.

3. Cuando llegue Carlos, él y yo _____ (salir) juntos para el aeropuerto.

4. Mañana, Nicolás y Sandra _____ (plantar) un árbol en su jardín.

5. Mi padre y yo _____ (ir) a ver tortugas a Puerto Rico.

6. En el futuro ya no _____ (haber) combustibles fósiles.

7. Cuando suba la montaña, Marcela _____ (respirar) un aire muy limpio.

2 **En el futuro** Escribe las oraciones en futuro. (4 × 2 pts. each = 8 pts.)

1. Hay un huracán en la península de Yucatán.

   _____

2. ¿Quieres volver a la universidad después de graduarte?

   _____

3. ¿Cuánto vale un viaje a las islas Galápagos?

   _____

4. Llegamos a Bogotá el jueves por la mañana.

   _____

3 **Correo electrónico** Completa el mensaje usando el condicional. (12 × 1 pt. each = 12 pts.)

Estimada Sra. González:

Le escribo porque (1) _____ (querer) preguntarle sobre la serpiente que usted

anuncia en Internet. ¿Usted (2) _____ (poder) darme más información?

¿Cree que la boa (3) _____ (caber) en un terrarium de 100 litros? ¿Cuántas veces

al día le (4) _____ (tener) que dar de comer? ¡Si la serpiente se muere,

(5) _____ (ser) terrible! Dígame, ¿qué otros cuidados (6) _____

(ser) necesarios? Cuando vi el anuncio pensé que (7) _____ (poder) ser una buena

compañera de cuarto. Si la compro le prometo que la (8) _____ (cuidar) muy bien.

Vivo con mi compañero de cuarto, Marcos. A él no le (9) _____ (importar) cuidarla

cuando yo no esté. Marcos (10) _____ (venir) conmigo a su casa para recoger la

serpiente. Nunca pensé que me (11) _____ (gustar) tanto las serpientes, pero la verdad

es que ahora me fascinan. Por cierto, ¿cuánto (12) _____ (valer)?

Carlos Delgado

4 **Buenas maneras** Convierte las afirmaciones en preguntas usando el condicional.
(8 × 1 pt. each = 8 pts.)

> **modelo**
>
> ¡Ve a tirar la basura!
> *¿Irías a tirar la basura?*

1. ¡Ven a mi casa! _____

2. ¡Saque ese perro del autobús! _____

3. ¡Pon gasolina al coche! _____

4. ¡Dime quién cortó ese árbol! _____

5. ¡Recoge esos libros del suelo! _____

6. ¡Lava los platos! _____

7. ¡Ven a la costa conmigo! _____

8. ¡Compra un coche híbrido! _____

5 **Pronombres relativos** Elige la opción correcta. (6 × 1 pt. each = 6 pts.)

1. Su tío, _____ es biólogo, acaba de irse de viaje al desierto.
   a. cuyo   b. que   c. lo cual

2. Susana y Alba, con _____ estudié el año pasado, ahora viven en Caracas.
   a. cuyo   b. quien   c. quienes

3. Los paisajes _____ vimos en Costa Rica son espectaculares.
   a. cuyo   b. que   c. la cual

4. La persona para _____ trabajo tiene una tortuga.
   a. que   b. quien   c. cuyas

5. La capa de ozono se está deteriorando, _____ es un problema grave.
   a. que   b. la cual   c. lo cual

6. Ayer me llamó mi amiga Estela, _____ trabaja en el acuario.
   a. la que   b. el que   c. quienes

6 **Elegir** Completa las oraciones. (6 × 1.5 pts. each = 9 pts.)

> cuya   cuyas   cuyos   el que   la cual   quienes

1. Mi amigo, _____ vive en Ciudad de México, está cansado de tanta contaminación.

2. Los dos meteorólogos a _____ vi en televisión dijeron que llovería.

3. Mi tío, _____ hija es ecologista, nunca usa productos tóxicos.

4. La veterinaria de _____ te hablé está ahí fuera.

5. ¿Es ése el chico _____ padres son científicos?

6. Esa es la muchacha a _____ hermanas conociste en Colombia.

MINIPRUEBA

Estructuras

---

1   **Elegir**   Selecciona las conjunciones correctas. (6 × 1 pt. each = 6 pts.)

1. La manifestación es (para que / a menos que) el gobierno reforme el sistema educativo.

2. La policía continuó investigando (en cuanto / hasta que) encontró al ladrón.

3. (En cuanto / Con tal de que) perdió las elecciones, el candidato llamó a su rival.

4. No puede haber paz (sin que / a pesar de que) haya justicia.

5. La ley se aprobó (tan pronto como / antes de que) los manifestantes protestaran.

6. ¿Vas a votar por ese candidato (siempre que / a pesar de que) lleva diez años en el poder?

---

2   **Oraciones**   Completa las oraciones con el indicativo, el subjuntivo o el infinitivo de cada verbo.
(6 × 2 pts. each = 12 pts.)

1. En cuanto yo _____ (terminar) mis estudios, me dedicaré a la política.

2. El abogado se pone muy nervioso cuando el juez _____ (entrar) en la sala.

3. Después de _____ (protestar) contra el gobierno, los manifestantes se fueron a sus casas.

4. A pesar de _____ (vivir) en México seis meses, Javier no aprendió nada de español.

5. El gobierno hará todo lo posible para que _____ (haber) más hospitales.

6. Mientras tú _____ (votar) yo voy a seguir trabajando.

---

3   **Presente y pasado**   Elige la opción correcta. (6 × 1 pt. each = 6 pts.)

1. Mi padre quería que yo _____ ciencias políticas.
   a. estudie   b. estudiara

2. Es increíble que nuestro partido _____ perdido las elecciones.
   a. haya   b. hubiera

3. Nunca pensé que tú _____ injusto con ella.
   a. seas   b. fueras

4. Mis padres no querían que yo _____ en la manifestación.
   a. participe   b. participara

5. No quiero que los políticos _____ en la decisión del tribunal.
   a. influyan   b. influyeran

6. Necesitábamos un gobierno que _____ esa ley.
   a. apruebe   b. aprobara

---

4 **Conjugar** Completa las oraciones con el pretérito imperfecto del subjuntivo de los verbos de la lista. (5 × 2 pts. each = 10 pts.)

> dormir   juzgar   pedir   querer   saber

1. Los ciudadanos querían que el tribunal _____ a los terroristas.

2. ¿Los políticos? Parece como si no _____ que vivimos en una democracia.

3. Me sorprendió mucho que tú _____ hasta las nueve. ¿No tenías clases por la mañana?

4. Esperaba que el abogado le _____ al juez la libertad para su cliente.

5. Carolina _____ dedicarse a la política.

5 **Comparativos y superlativos** Elige la opción correcta. (6 × 1 pt. each = 6 pts.)

1. Éste es el mejor debate _____ he visto en televisión.
   a. que   b. como   c. de

2. Mi hermano es _____ liberal como el tuyo.
   a. más   b. menos   c. tan

3. Un senador tiene menos poder _____ un presidente.
   a. que   b. como   c. de

4. Hubo _____ manifestantes en la protesta de hoy como en la protesta de ayer.
   a. que   b. de   c. tantos

5. Mi discurso fue _____ largo que el tuyo.
   a. tanto que   b. más   c. que

6. Raúl es el _____ de los tres hermanos; sólo tiene un año.
   a. más pequeño   b. mejor   c. tanto

6 **El bueno, el grande y el malo** Completa las oraciones con las palabras de la lista. (5 × 2 pts. each = 10 pts.)

> buen   grande   más   menor   peor

1. El Aconcagua es la montaña _____ alta del Hemisferio Occidental.

2. Cristiano Ronaldo es _____ futbolista, pero Leo Messi es el mejor.

3. Chile vivió la _____ forma de gobierno: la dictadura.

4. Antofagasta es _____, pero Santiago es la mayor ciudad de Chile.

5. La _____ de todas las jugadoras sólo medía cinco pies.

MINIPRUEBA

Lección 7

Estructuras

1 **Pretérito perfecto** Completa las oraciones con el pretérito perfecto. (6 × 1 pt. each = 6 pts.)

1. Hoy yo _____ (abrir) una nueva cuenta de ahorros en el banco.

2. ¿_____ (ver) tú el anuncio para el puesto de vendedora?

3. Ellos todavía no _____ (decir) que el puesto sea tuyo.

4. Nosotros ya _____ (escribir) la descripción del puesto.

5. Rosa _____ (descubrir) que la compañía está en venta.

6. ¿Ustedes ya _____ (volver) de la reunión?

2 **Diálogo** Elige la opción correcta de cada verbo. (10 × 1 pt. each = 10 pts.)

ANA   Hola, Luis. ¿Qué tal? ¿(1) _____ (Has solicitado / Hemos solicitado) el puesto de vendedor que viste en el periódico?

LUIS   No, aún no tengo mi currículum. ¿Y tú? ¿(2) _____ (Has tenido / Han tenido) noticias de la empresa?

ANA   No, ellos todavía no me (3) _____ (hemos llamado / han llamado). ¿Y tú por qué no (4) _____ (he escrito / has escrito) todavía tu currículum?

LUIS   Es que mis primos (5) _____ (han venido / hemos venido) a casa y yo no (6) _____ (he empezado / has empezado) a escribirlo.

ANA   Y dime, ¿(7) _____ (he estudiado / has estudiado) para el examen? La profesora (8) _____ (ha dicho / he dicho) que será difícil.

LUIS   Tranquila, Ana. Yo ya (9) _____ (has hecho / he hecho) el examen. Lo hice la semana pasada. ¿Y sabes qué? El famoso examen de español no (10) _____ (has sido / ha sido) tan difícil.

3 **Despedido** Completa el correo electrónico con el presente perfecto del subjuntivo de los verbos de la lista. (5 × 2 pts. each = 10 pts.)

> decidir   despedir   hacer   recuperar   tener

Querido Juan Pablo:

Todavía no me creo que el gerente te (1) _____. ¡Eres un empleado modelo! Dudo que tú (2) _____ nada malo en todo este tiempo. Quizá necesiten a alguien que (3) _____ más experiencia en ventas. Espero que tú ya (4) _____ qué vas a hacer. Por favor, llámame cuando te (5) _____ de esta sorpresa.

Ana María

4   *Se* **en oraciones pasivas** Completa las oraciones con *se* y el pretérito de los verbos entre paréntesis. (6 × 1 pt. each = 6 pts.)

> **modelo**
>
> (contratar) a un ejecutivo con un currículum impresionante.
> *Se contrató a un ejecutivo con un currículum impresionante.*

1. _____ (invertir) mucho dinero en un nuevo aeropuerto.

2. _____ (despedir) al contador por sus continuos errores.

3. _____ (entrevistar) a un candidato extranjero para ese puesto.

4. _____ (informar) al sindicato del acuerdo con el gobierno.

5. _____ (ascender) al contador al puesto de gerente.

6. _____ (exigir) a todos los empleados un compromiso total con la compañía.

5   **El *se* impersonal** Escribe estas oraciones usando el *se* impersonal. (4 × 2 pts. = 8 pts.)

> **modelo**
>
> Nadie conoce el tamaño exacto del Universo.
> *No se conoce el tamaño exacto del Universo.*

1. Algunos creen que las máquinas les quitarán el trabajo a las personas.

   _____

2. Todos sabemos cuál es la causa de la crisis.

   _____

3. Nadie puede vivir sin trabajar.

   _____

4. La gente habla de todo sin saber de nada.

   _____

6   **¡Se me olvidó!** Escribe con cada grupo una oración con la palabra *se* y el pronombre de objeto indirecto correspondiente. Usa una de las dos formas del modelo. (5 × 2 pts. each = 10 pts.)

> **modelo**
>
> yo / caer el libro
> *A mí se me cayó el libro. / Se me cayó el libro.*

1. yo / acabar el dinero

   _____

2. María / perder las llaves

   _____

3. nosotros / romper la computadora

   _____

4. tú / olvidar el currículum

   _____

5. ustedes / caer los papeles

   _____

Estructuras

1 **Pluscuamperfecto** Completa las oraciones con el pluscuamperfecto de los verbos.
(6 × 1 pt. each = 6 pts.)

1. Yo nunca _____ (tener) una computadora tan rápida.

2. Cuando Sandra nos llamó, nosotros ya _____ (escribir) el mensaje de texto.

3. Ellos nunca _____ (descargar) música antes.

4. Nosotros ya _____ (descubrir) la contraseña esta mañana.

5. Cuando yo le envié el archivo, Marta ya _____ (resolver) el problema.

6. Con sólo 26 años, Albert Einstein ya _____ (publicar) la teoría de la relatividad.

2 **¿Cierto o falso?** Indica si cada oración compuesta es cierta o falsa, según la información dada.
(5 × 2 pts. each = 10 pts.)

1. Salí de casa a las 10. Recibí un mensaje de texto a las 10:30.
   Cuando salí de casa, todavía no había recibido ningún mensaje de texto. _____

2. El matemático comenzó sus estudios de doctorado a los 26 años. El matemático descubrió la fórmula a los 28 años.
   Cuando el matemático descubrió la fórmula, todavía no había comenzado sus estudios de doctorado. _____

3. Nosotros vimos una estrella fugaz a las 9:30. Nosotros vimos al astrónomo a las 10.
   Antes de ver la estrella fugaz, nosotros ya habíamos visto al astrónomo. _____

4. Ustedes borraron los documentos a las 2. Yo pregunté por los documentos a las 4.
   Ustedes ya habían borrado los documentos cuando yo pregunté por ellos. _____

5. Mis padres me compraron el teléfono celular en 2005. Mis padres me compraron la computadora en 2002.
   Mis padres ya me habían comprado la computadora antes de que me compraran el teléfono celular. _____

3 **Más verbos** Escribe los verbos en el pluscuamperfecto de subjuntivo. (8 × 1 pt. each = 8 pts.)

1. Nosotros dudábamos de que el inventor _____ (conseguir) la patente.

2. A Francisco le molestó que nosotros no le _____ (dar) tu contraseña.

3. Ellos no creían que su madre le _____ (comprar) un teclado inalámbrico.

4. No era cierto que ese científico _____ (ir) al espacio.

5. Nosotros no creíamos que el experimento _____ (tener) tanto éxito.

6. Yo no sabía que ella _____ (borrar) esos documentos.

7. Era imposible que ellos _____ (contribuir) al nuevo descubrimiento.

8. No podía creer que ustedes _____ (clonar) a su perro.

4 **Conversación** Completa la conversación telefónica con el pretérito pluscuamperfecto del subjuntivo de los verbos de la lista. (5 × 2 pts. each = 10 pts.)

| asistir estar perder poder saber |

MARGARITA Hola, Francisco. Te llamo para decirte que me molestó mucho que tú no
(1) _____ este sábado a mi presentación sobre tecnologías del ciberespacio.

FRANCISCO Pero, ¿no era la semana próxima? Si yo (2) _____ que era el sábado habría ido. Yo nunca me (3) _____ tu presentación.

MARGARITA Pues, fue el sábado. Fue una lástima que tú no (4) _____ allí.

FRANCISCO Lo siento mucho. Pero, ¿sabes?, ese sábado mi novia y yo no
(5) _____ ir porque teníamos entradas para el teatro.

5 **Completar** Escribe el verbo correcto de cada oración. (7 × 1 pt. each = 7 pts.)

1. _____ (Querer / Quiero) comprarle un teléfono celular a cada uno de mis hermanos.

2. _____ (Investigar / Investigando) es muy importante para la economía.

3. Se compró una computadora para _____ (trabajar / trabaja).

4. No tengo reloj, pero creo que _____ (debe de / debe) ser la una y media.

5. Lo importante _____ (ser / es) seguir explorando el Universo hasta encontrar vida.

6. Yo _____ (oía / oír) cantar a alguien pero no sabía quién era.

7. El profesor de química nos hizo _____ (aprendimos / aprender) toda la tabla periódica.

6 **Elegir** Selecciona la opción correcta. (6 × 1.5 pts. each = 9 pts.)

1. Veo _____ a los pájaros.
   a. vuelan   b. volar   c. están volando

2. Patricia ya no _____ tener un teléfono inteligente, ahora quiere un telescopio.
   a. desea   b. deseando   c. desear

3. Esa computadora portátil debe _____ menos de una libra.
   a. pesa   b. pesar   c. de pesar

4. Ayer la computadora no me _____ adjuntar el archivo.
   a. permitió   b. permitir   c. permite

5. Acabo _____ ver mi película favorita de ciencia ficción.
   a. de   b. a   c. en

6. ¿Es ético _____ experimentos con chimpancés?
   a. hace   b. haciendo   c. hacer

MINIPRUEBA

Lección 9

Estructuras

1 **¿Qué habrá pasado?** Completa las oraciones con el futuro perfecto de los verbos.
(6 × 1 pt. each = 6 pts.)

1. Dentro de dos años mis padres _____ (celebrar) su veinticinco aniversario de bodas.

2. Cuando lleguemos al aeropuerto el avión ya se _____ (ir).

3. Me pregunto si yo _____ (ser) una buena anfitriona.

4. Para las cuatro de la tarde todos los deportistas _____ (terminar) el maratón.

5. Cuando termine el curso ya le _____ (crecer) el pelo.

6. Para cuando se jubile, Lionel Messi _____ (ser) el mejor futbolista de la historia.

2 **Futuro perfecto** Completa las oraciones con el futuro perfecto y la información dada.
(5 × 2 pts. each = 10 pts.)

> **modelo**
> La carrera empieza a las 8 de la mañana.
> *Para las 12, la carrera ya habrá terminado.*

1. La obra empieza a las 9:30.
   Para las 12:30, la obra ya _____.

2. Anabel celebra su graduación antes de tu cumpleaños.
   Después de tu cumpleaños, Anabel ya _____.

3. La película comienza a las 10. Vamos al cine a las 10:30.
   Cuando lleguemos al cine, la película ya _____.

4. ¿Actúan actores profesionales en esa obra de teatro?
   ¿_____ actores profesionales en esa obra de teatro?

5. Me llaman de la compañía a las 10. Ahora son las 9:45.
   Dentro de una hora, ya _____.

3 **Conjugar** Completa las oraciones con el condicional perfecto. (8 × 1 pt. each = 8 pts.)

1. Yo _____ (ir) a la fiesta, pero estaba bastante lejos de mi casa.

2. ¿Crees que tú _____ (ser) un buen músico?

3. El grupo _____ (tocar) en tu fiesta, pero tú no querías música en vivo.

4. Dudo que leyera tres libros en un fin de semana. ¿No _____ (ser) cómics?

5. Camila _____ (ir) contigo al concierto, pero no consiguió entradas.

6. El jugador _____ (marcar) un gol, pero se lastimó la rodilla.

7. Ellas _____ (divertirse) en el parque de atracciones, pero no quisieron ir.

8. Era imposible que ellos subieran el Everest. ¿No _____ (escalar) otra montaña diferente?

4 **Condicional** Indica qué habrían hecho otras personas. (5 × 2 pts. each = 10 pts.)

> **modelo**
>
> Yo jugué a los dardos.
> Él *habría jugado al boliche.* (boliche)

1. Marisa fue al concierto.
   Yo _____. (teatro)

2. Yo me reuní con los actores.
   Ellos _____. (cantantes)

3. Carlos compró un videojuego.
   Nosotros _____. (juego de mesa)

4. Paco salió a comer.
   Tú _____. (a tomar algo)

5. Yo me fui a casa.
   Ella _____. (ir al teatro)

5 **Elegir** Selecciona la opción correcta. (7 × 1 pt. each = 7 pts.)

1. Si actúas bien, la película _____ éxito.
   a. tendrá   b. tendría

2. Si puedes, _____ ese videojuego.
   a. compraste   b. compra

3. Si tuviéramos tiempo, _____ a los dardos.
   a. jugamos   b. jugaríamos

4. Si no hubiéramos ido a la fiesta, ahora _____ aburridos.
   a. estaríamos   b. estuviéramos

5. Si yo tengo dinero, siempre _____ al teatro.
   a. voy   b. iba

6. Si vas a la feria, te _____.
   a. habrías divertido   b. divertirás

7. Habría ido al club deportivo si tú me _____ llamado.
   a. hubieras   b. habías

6 **Si...** Completa el parráfo con la forma correcta de los verbos. (6 × 1.5 pts. each = 9 pts.)

MARTA Si yo (1) _____ (tener) dinero, compraría unas entradas para ver al grupo U2 en primera fila. Si ustedes dos tuvieran más dinero, ¿qué (2) _____ (hacer)?

ÁNGELA Nosotros (3) _____ (ir) más al teatro. Eso fue lo que hicimos el martes. Si hubiéramos tenido más dinero, también (4) _____ (ir) a cenar a nuestro restaurante favorito.

MARTA De niña, cuando mis padres me llevaban a cenar, nosotros siempre (5) _____ (ir) a un restaurante argentino en la calle Mayor.

ÁNGELA Si estaba en la calle Mayor, (6) _____ (ser) el restaurante Los criollos, ¿no?

MARTA ¡Sí! ¿Lo conoces? ¡Allí también cantan tangos!

MINIPRUEBA

Lección 10

Estructuras

1 Participio Completa las oraciones en voz pasiva. (4 × 1.5 pts. each = 6 pts.)

1. Los documentos fueron ___ (aprobar) por el departamento de inmigración.

2. Aquel presidente no fue ___ (votar) por los ciudadanos.

3. El candidato bilingüe fue ___ (elegir) alcalde de San Diego.

4. Antonio fue ___ (excluir) del proyecto porque no sabía trabajar en equipo.

2 La oración fue escrita Corrige las oraciones con la información dada. Utiliza la voz pasiva en las correcciones. Sigue el modelo. (4 × 2 pts. each = 8 pts.)

> **modelo**
> Elena envió la carta. (Verónica)
> No, la carta *fue enviada por Verónica.*

1. El periodista escribió el artículo. (el profesor)
   No, el artículo ___.

2. La policía investigó el caso. (los detectives)
   No, el caso ___.

3. Carlos ha resuelto el problema. (Cristina)
   No, el problema ___.

4. Picasso pintó esos cuadros. (Dalí)
   No, esos cuadros ___.

3 Completar Completa la conversación con las expresiones de la lista. (6 × 2 pts. each = 12 pts.)

> algo   nadie   ningún   ninguna   siempre   tampoco

JAVIER   ¿Sabes (1) ___ de María?

FRANCISCO   La vi ayer. Iba al departamento de inmigración para conseguir su tarjeta de residencia. Espero que no tenga (2) ___ problema.

JAVIER   No he conocido a (3) ___ que haya solicitado la tarjeta de residencia en los Estados Unidos. ¿Y tú?

FRANCISCO   No, yo (4) ___. Bueno, sólo a María, y a mis padres, claro.

JAVIER   No tendrá problemas porque María (5) ___ consigue lo que quiere.

FRANCISCO   Sí, yo no conozco a (6) ___ persona con tanta determinación.

4   **Contrarios** Transforma las oraciones positivas en negativas, y las negativas en positivas.
(5 × 2 pts. each = 10 pts.)

1. Cruzaremos la frontera en autobús o en coche.
   _____

2. Yo nunca me despido, porque no me gusta decir adiós.
   _____

3. El gobierno quiere prescindir del diálogo y del entendimiento.
   _____

4. Andrés nunca ha querido aprender el idioma oficial del país.
   _____

5. No me gusta ni la inestabilidad ni el caos.
   _____

5   **Elegir** Selecciona la opción correcta. (6 × 1 pt. each = 6 pts.)

1. Ayer nosotros nos _____ con un refugiado de guerra.
   a. reunimos   b. reunamos

2. Yo esperaba que no _____ tan conformista.
   a. eras   b. fueras

3. Es increíble que ese país se _____ tanto en sólo un año.
   a. ha enriquecido   b. haya enriquecido

4. Si me _____ antes, yo habría podido ir al consulado.
   a. has escrito   b. hubieras escrito

5. Yo antes _____ a la organización Amnistía Internacional.
   a. pertenecía   b. perteneciera

6. En esa ciudad _____ mucha diversidad.
   a. existe   b. exista

6   **Completar** Completa las oraciones con el indicativo o el subjuntivo de los verbos entre paréntesis.
(8 × 1 pt. each = 8 pts.)

1. ¿Qué _____ (pasar) si nadie luchara por sus ideales?

2. Jéssica hizo todo lo posible para que sus hijos _____ (adaptarse) al nuevo país.

3. Para el año 2020 la población latina _____ (llegar) a 60 millones de habitantes.

4. Cuando se me _____ (acabar) el trabajo, emigraré a otro país.

5. Cuando _____ (tener) dinero, me iré de vacaciones.

6. Me molestaba que mis amigos no _____ (poder) hacer un esfuerzo por dialogar.

7. Si no hubiera cruzado la frontera yo no _____ (tener) tantas oportunidades.

8. Ahora ellas ya no _____ (tener) miedo de expresar sus opiniones.

30   **Lección 10** Miniprueba

PRUEBA

Lección 1

Sentir y vivir

1 **En crisis** Lee estas oraciones incompletas y escribe el final de acuerdo con el fragmento de un programa de radio que vas a escuchar. Escucharás la grabación dos veces. (5 × 2 pts. each = 10 pts.)

1. Novio Ansioso le escribe una carta a la doctora porque _____

   _____

2. Novio Ansioso dice que es un hombre _____

3. Novio Ansioso se siente muy _____

4. La novia no sabe que Novio Ansioso está disgustado con ella porque a él _____

   _____

5. Según el primer consejo de la doctora, Novio Ansioso debe _____

2 **Los rumores** A Miguel le gusta hablar de los demás. Completa cada oración con la forma apropiada del verbo entre paréntesis. (10 × 1 pt. each = 10 pts.)

1. Mis amigos nunca _____ (decir) la verdad.

2. Teresa _____ (tener) ganas de salir con el novio de su mejor amiga.

3. Mis amigos siempre me _____ (pedir) ayuda.

4. Yo siempre _____ (reconocer) mis errores.

5. El primo de Javier siempre _____ (ir) tarde a casa.

6. Tu hermano no _____ (seguir) las instrucciones de los profesores.

7. Yo _____ (saber) los secretos de todos mis amigos.

8. Tú no _____ (dormir) bien cuando hay exámenes.

9. Mis amigos siempre _____ (llegar) a clase tarde.

10. Rosa _____ (discutir) mucho con todos los profesores.

3 **Busco una cita** Completa el siguiente párrafo con las formas apropiadas de **ser** o **estar**. (10 × 1 pt. each = 10 pts.)

Me llamo Carmela y 1) _____ estudiante de medicina. 2) _____ en tercer año. 3) _____ una joven atractiva y simpática. Mis amigos piensan que 4) _____ un poco insegura, pero eso no 5) _____ verdad. Por lo general, (yo) 6) _____ una persona muy alegre, pero 7) _____ harta de no tener pareja. Si (tú) 8) _____ simpático, cariñoso y maduro, y 9) _____ solo, escríbeme una carta. Yo puedo 10) _____ tu alma gemela.

4 **Definiciones** Escribe una definición para cada palabra o expresión. (5 × 2 pts. each = 10 pts.)

1. dos almas gemelas _____

2. estar deprimido _____

3. algo pasajero _____

4. soñar con algo _____

5. chisme _____

5 **Ser y estar** Mira las imágenes y escribe una oración describiendo cada una. Usa **ser, estar** y el vocabulario de la lección. Sé creativo/a. (4 × 2.5 pts. each = 10 pts.)

1.   2.   3.   4.

1. _____

_____

2. _____

_____

3. _____

_____

4. _____

_____

6 **Oraciones** Escribe seis oraciones originales combinando elementos de las tres columnas. (6 × 2 pts. each = 12 pts.)

yo	aburrir	amistad
tú	encantar	vacaciones
los profesores	importar	citas a ciegas
mis amigos y yo	gustar	celos
los superhéroes	hacer falta	riesgo
mi novio/a	molestar	(in)fidelidad

1. _____

2. _____

3. _____

4. _____

5. _____

6. _____

Lectura
Conocer gente nueva

Muchos se preguntan por qué es tan (*so*) difícil encontrar (*to find*) novio o novia, o simplemente amigos, en el mundo de hoy. El número de solteros es mucho más alto ahora que hace diez o quince años. Una posible explicación es que la gente está tan ocupada con su trabajo o sus estudios que no tiene tantas oportunidades para salir y socializar. El ritmo de vida es muy rápido. Otros piensan que es más difícil confiar en la gente en estos tiempos; por eso, ahora hay menos gente que coquetea con personas desconocidas (*strangers*). Cuando vamos en autobús o en metro, a nadie le gusta hablar con la persona sentada a su lado. Todos leen o escuchan música y nadie tiene ganas de hablar con extraños. Sin embargo, registrarse en sitios de Internet para conocer gente o encontrar pareja es algo muy común en estos tiempos. Parece (*It seems*) que tenemos miedo de conocer gente nueva cara a cara (*face to face*), pero no nos importa hablar con desconocidos por Internet. Quizás es porque nos sentimos más seguros o porque es más fácil, ya que pasamos mucho tiempo frente a la computadora para trabajar o estudiar.

---

7 **Comprensión** Indica si estas afirmaciones son **ciertas** o **falsas** según lo que dice la lectura y corrige las falsas. (6 × 1.5 pts. each = 9 pts.)

	Cierto	Falso
1. En el mundo de hoy es fácil hacer amigos nuevos, pero es difícil encontrar pareja.	O	O
2. La gente no tiene tiempo para salir y conocer gente nueva.	O	O
3. Coquetear con desconocidos es ahora más común que antes.	O	O
4. Mucha gente habla con desconocidos en el autobús o en el metro.	O	O
5. La gente se siente más segura hablando con desconocidos por Internet.	O	O
6. El uso constante de las computadoras para trabajar o estudiar promueve (*promotes*) las relaciones por Internet.	O	O

8 **¿Qué opinas?** Escribe tus opiniones sobre la moda de conocer gente por Internet. ¿Es más seguro? ¿Qué ventajas y desventajas tiene? (4.5 pts. for grammar + 4.5 pts. for vocabulary and style = 9 pts.)

_____
_____
_____
_____
_____
_____
_____

Nombre _____   Fecha _____

9 **Composición** Escribe un anuncio personal sobre alguien (tú u otra persona real o imaginaria). Incluye datos personales (origen, ocupación, etc.) y describe su personalidad, gustos e intereses. Describe también a su pareja ideal. Usa **ser** y **estar**, verbos como **gustar** y el vocabulario de la lección. (10 pts. for grammar + 10 pts. for vocabulary and style = 20 pts.)

_____
_____
_____
_____
_____
_____
_____
_____
_____
_____
_____
_____
_____
_____
_____
_____
_____
_____
_____
_____
_____
_____
_____
_____
_____
_____
_____

PRUEBA

Vivir en la ciudad

1 **Hola desde México D.F.** Vas a escuchar una historia y a continuación seis preguntas. Escucha con atención y, después, completa las respuestas. (6 × 2 pts. each = 12 pts.)

1. Llegó hace _____.

2. Lo primero que hizo fue _____.

3. Ella _____ en autobús.

4. Ella paraba para _____.

5. _____ es más rápido y puntual.

6. Está en _____ moderno a dos _____ de su
   oficina y cerca de _____ bonita y un _____.

2 **En la calle** Completa el diálogo con las palabras de la lista. Conjuga adecuadamente los verbos. (7 × 1 pt. each = 7 pts.)

convivir	dirección	esquina	estacionamiento	perdido	semáforo
cruzar	edificio	estación	letrero	quedar	vacío

POLICÍA Hola, joven. ¿Está usted 1) _____ ?

JOSÉ LUIS Creo que sí. ¿Me puede decir dónde 2) _____ la 3) _____ de trenes?

POLICÍA Sí, claro. No está muy lejos de aquí. ¿Ve aquel 4) _____ grande que dice "Se vende"?

JOSÉ LUIS Sí, en el 5) _____ alto al lado del cine, ¿verdad?

POLICÍA Exactamente. Tiene que doblar en esa 6) _____, andar unos 50 metros, 7) _____ la calle y ya llegó.

3 **Un día especial** En el siguiente párrafo, Ana María describe su décimo (*tenth*) cumpleaños. Completa la narración con el pretérito o el imperfecto del verbo entre paréntesis. (10 × 1 pt. each = 10 pts.)

Cuando era niña, siempre 1) _____ (ir) a la escuela caminando, pero ese día

2) _____ (ir) en autobús. Yo no 3) _____ (ser) muy buena estudiante, pero me

4) _____ (gustar) mucho ir a la escuela. Ahí, mis amigos y yo 5) _____ (jugar) en

nuestros ratos libres. Esa mañana, cuando yo 6) _____ (llegar) al salón de clases,

7) _____ (oír) al profesor y a mis compañeros hablando muy bajito (*low*). Todos

8) _____ (estar) esperándome. Ellos me 9) _____ (cantar) el *Cumpleaños feliz*

y me 10) _____ (dar) muchos regalos. ¡Fue un día inolvidable!

4 **Un día accidentado** Completa este mensaje telefónico con la forma correcta del pretérito de los verbos entre paréntesis. (7 × 1 pt. each = 7 pts.)

Hola cariño, soy mamá. ¿Ya 1) _____ (tú, llegar) del colegio? Te llamo para decirte que no 2) _____ (yo, poder) hacer la cena porque 3) _____ (yo, tener) que llevar a la abuelita al hospital. Esta tarde ella 4) _____ (caerse) y 5) _____ (lastimarse) *(hurt)* el pie. Ella está bien, no te preocupes, pero nosotras 6) _____ (pensar) que era buena idea ir al doctor. Y, ¿cómo te 7) _____ (ir) el examen? Espero que bien. Hay pizza en el refrigerador. Te veo a las siete, hijo. ¡Besos!

5 **Un día completo** Completa las frases con el pretérito de los verbos entre paréntesis y elige un final apropiado entre las opciones de la lista. (5 × 2 pts. each = 10 pts.)

a la vivienda	con los ciudadanos	el museo nuevo
atrasado	del fin de semana	en casa anoche

1. El autobús (salir) _____

2. Yo (relajarse) _____

3. Susana y Pedro (disfrutar) _____

4. Tú (visitar) _____

5. El alcalde (conversar) _____

6 **Cuando era niño** Escribe cuatro oraciones originales combinando elementos de las tres columnas. Usa el imperfecto. (4 × 2 pts. each = 8 pts.)

yo	ir	un perro
tú	jugar	en el parque hasta tarde
mis padres y yo	tener	a mis primos con frecuencia
mis amigos	ver	de vacaciones al campo

1. _____

2. _____

3. _____

4. _____

7 **Oraciones** Completa las frases de una manera lógica. Usa el pretérito o el imperfecto según corresponda. (4 × 2 pts. each = 8 pts.)

1. De niño/a, todos los veranos yo _____

2. En la escuela primaria, por primera vez, mis compañeros/as y yo _____

_____

3. De jóvenes, mis padres siempre _____

4. Esta mañana, durante veinte minutos, tú _____

Lectura
Un fin de semana memorable

Era domingo. Cuando Andrés se levantó, era casi mediodía. No acostumbraba dormir hasta tarde los domingos. Por el contrario, normalmente se levantaba a las ocho y daba una vuelta por el parque con Max, su perro. Los dos corrían y jugaban hasta que el parque empezaba a estar lleno. Siempre decía que a esas horas de la mañana la ciudad estaba más tranquila. No había gente caminando con prisa en las aceras o esperando en la parada del autobús. No había taxis recorriendo las avenidas. Las calles estaban vacías y silenciosas. El aire estaba más limpio. El domingo era su día favorito porque a Andrés no le gustaba el ruido.

Hoy era muy diferente. Anoche no pudo dormir. Pasó la noche pensando en su aventura del sábado y hoy no podía pensar en otra cosa. El sábado fue, sin duda, un día muy extraño. Por fin, preparó un café y salió a la calle. Eran las doce y media y las aceras ya estaban llenas de gente. Tuvo la impresión de que todo el mundo lo miraba, y no sabía por qué. Tenía la cabeza llena de pensamientos (*thoughts*) confusos. De repente, tuvo una idea y decidió ir a la comisaría. Al entrar, el policía le dijo: "Buenas tardes, ¿está usted bien? ¿Por qué lleva pijama? ¿Hubo una emergencia en su casa?"

8 **Comprensión** Contesta las preguntas con frases completas. (6 × 1.5 pts. each = 9 pts.)

1. ¿A qué hora se levantaba normalmente Andrés los domingos?
   _____

2. ¿Qué hacía Andrés los domingos?
   _____

3. ¿Por qué era el domingo su día favorito?
   _____

4. ¿Por qué era hoy diferente?
   _____

5. ¿En qué pensaba Andrés hoy? ¿Por qué?
   _____

6. ¿Por qué miraba la gente a Andrés?
   _____

9 **¿Qué pasó el sábado?** Escribe un breve párrafo describiendo lo que crees que le pasó a Andrés el sábado. Explica por qué no pudo dormir y por qué decidió ir a la comisaría al día siguiente. Usa tu imaginación. (4 pts. for grammar + 5 pts. for vocabulary and style = 9 pts.)

_____

_____

_____

_____

_____

_____

_____

_____

_____

10 **Composición** Elige una escena de una película que tenga lugar en una ciudad. Cuenta la historia utilizando el vocabulario de la lección, el pretérito y el imperfecto. Puedes inventar tu propia historia. Usa las preguntas a continuación como guía. (10 pts. for grammar + 10 pts. for vocabulary and style = 20 pts.)

- ¿En qué ciudad tuvo lugar la historia?
- ¿Quiénes eran los personajes?
- ¿Cómo eran sus vidas?
- ¿Qué ocurrió un día?
- ¿Cómo y cuándo terminó la historia?

_____

_____

_____

_____

_____

_____

_____

_____

_____

_____

_____

_____

_____

_____

_____

_____

_____

_____

_____

_____

_____

_____

_____

_____

PRUEBA

La influencia de los medios

1 **¿Miramos la tele?** Vas a escuchar una conversación entre Noelia y su amigo estadounidense, Jack. Escucha con atención y, después, responde a las preguntas con oraciones completas. (6 × 2 pts. each = 12 pts.)

1. ¿Por qué no quiere Noelia ver la tele?
_____

2. ¿Por qué menciona Noelia los programas del corazón y los programas de telerrealidad?
_____

3. ¿Qué son los programas del corazón?
_____

4. ¿Por qué no le gustan los programas del corazón a Noelia?
_____

5. ¿Por qué le interesan a Jack los programas de telerrealidad?
_____

6. ¿Qué le parece curioso a Noelia sobre la telerrealidad?
_____

2 **Vocabulario** Indica la palabra que no pertenece al grupo. (6 × 1 pt. each = 6 pts.)

1. Internet   sitio web   navegar   rodar
2. periódico   titular   publicar   grabar
3. público   actor   locutor   estrella
4. telerrealidad   doblaje   documental   telenovela
5. pantalla   portada   sección   titular
6. parcial   influyente   censura   temporada

3 **Escribir** Escribe cuatro oraciones completas con cuatro de estas palabras. Cada oración debe mostrar el significado de la palabra. (4 × 2 pts. each = 8 pts.)

acontecimiento	influyente
actualizado	portada
doblaje	suscribirse
grabar	transmisión

1. _____
2. _____
3. _____
4. _____

4 Oraciones Usa el presente del subjuntivo de los verbos entre paréntesis para completar las oraciones. (8 × 1 pt. each = 8 pts.)

1. El redactor insiste en que los reporteros _____ (trabajar) más horas.

2. Los oyentes quieren que la radioemisora _____ (transmitir) las 24 horas.

3. No es verdad que nosotros _____ (confiar) en los medios de comunicación.

4. Dudo que tú _____ (ir) a creer lo que dice la prensa.

5. Se oponen a que yo les _____ (dar) una mano.

6. Te gusta que el sitio web _____ (estar) actualizado.

7. ¿Esperas que nosotros _____ (suscribirse) a ese periódico sensacionalista?

8. Negamos que ustedes _____ (publicar) contenido imparcial.

5 Objetos directo e indirecto Contesta las preguntas sustituyendo las palabras subrayadas con pronombres de objeto directo o indirecto. (4 × 2 pts. each = 8 pts.)

1. ¿Quieres ver esta telenovela?

   Sí, _____

2. ¿Puedes leerme los titulares de hoy?

   Sí, _____

3. ¿Le diste tu opinión a tu padre sobre este periódico?

   No, _____

4. ¿Nos recomiendas esta película?

   Sí, _____

6 Los adultos ¿Qué mandatos te daban los adultos cuando eras niño/a? ¿Cuáles les darías tú a ellos hoy? Escribe tres mandatos informales y después tres formales. (6 × 2 pts. each = 12 pts.)

1. _____

2. _____

3. _____

4. _____

5. _____

6. _____

7 El cine Piensa en una película que quieres ver y completa las oraciones usando el presente del subjuntivo cuando corresponda. (4 × 2 pts. each = 8 pts.)

1. Quiero que la película _____

2. Prefiero _____

3. Dudo que _____

4. Espero que _____

Lectura
Una invitación al estreno

Patricia trabaja en una productora de cine en Nueva York. Esta noche es el estreno de la nueva película de Pedro Almodóvar, *Los abrazos rotos*. El jefe de Patricia va a los estrenos con su esposa, pero ayer ella tenía otro compromiso y él le preguntó a Patricia si quería ir. Patricia estaba muy nerviosa y llamó a una de sus mejores amigas para contárselo:

PATRICIA Hola Gemma, mira, mi jefe me ha invitado a ir con él esta noche al estreno de la nueva película de Almodóvar y no sé qué hacer. Después del estreno, hay una fiesta donde estarán todas las estrellas.

GEMMA ¿Qué? O estás loca o estás enferma. ¡Me sorprende tanto que me preguntes! ¡Está claro que tienes que ir! Es una gran oportunidad. Patricia, seguro que te vas a divertir.

PATRICIA ¿De verdad me aconsejas que vaya? Yo no estoy segura de que sea una buena idea. Temo que haya demasiada gente famosa y no me sienta cómoda.

GEMMA No te preocupes por eso. Yo estoy segura de que eso no va a ser problema. Los famosos son personas normales también. ¿A qué hora es el estreno?

PATRICIA A las nueve y media de la noche.

GEMMA Bueno, a las ocho estoy en tu casa y te ayudo a prepararte. Pero dile a tu jefe que sí vas a ir.

El jefe fue a recoger a Patricia a las nueve y los dos llegaron al estreno tranquilamente. En la entrada del cine había mucha gente famosa y muchos reporteros. Después del estreno, todos los invitados fueron a una fiesta gigante donde el jefe de Patricia le presentó a mucha gente famosa. Allí conoció a Pedro Almodóvar y a Antonio Banderas, quien también asistió al estreno. Ella todavía no puede creer que estuvo allí.

8 **Comprensión** Contesta las preguntas con oraciones completas. (6 × 1.5 pts. = 9 pts.)

1. ¿Dónde trabaja Patricia?

   _____

2. ¿Cómo se llama la nueva película de Pedro Almodóvar?

   _____

3. ¿Qué hizo Patricia cuando su jefe la invitó a ir con él al estreno?

   _____

4. ¿Por qué duda Patricia si debe ir?

   _____

5. ¿Qué le aconseja Gemma? ¿Por qué?

   _____

6. ¿A quién conoció Patricia esa noche?

   _____

9 **Necesito consejo** ¿A quién le pides consejo? ¿En qué situaciones lo pides? ¿Te pareces más a Gemma o a Patricia? ¿Por qué? Escribe un breve párrafo respondiendo a estas preguntas.
(4 pts. for grammar + 5 pts. for vocabulary and style = 9 pts.)

   _____

   _____

   _____

   _____

   _____

10 **Composición** Inventa una historia parecida a la de Patricia. El tema tiene que estar relacionado con los medios de comunicación. Incluye un diálogo en el que las personas expresan su opinión y dan consejos; usa el presente del subjuntivo y mandatos. (10 pts. for grammar + 10 pts. for vocabulary and style = 20 pts.)

_____

_____

_____

_____

_____

_____

_____

_____

_____

_____

_____

_____

_____

_____

_____

_____

_____

_____

_____

_____

_____

_____

_____

_____

_____

_____

_____

_____

_____

_____

PRUEBA

Lección 4

Generaciones en movimiento

1 **Una entrevista con Laura Puente** Vas a escuchar una entrevista con la modelo Laura Puente y a continuación seis preguntas. Escucha con atención y, después, completa las respuestas. (6 × 2 pts. each = 12 pts.)

1. Trata temas _____ como el papel de la mujer en la familia.

2. Laura Puente se siente _____ en su papel de madre.

3. _____ fue el cambio más grande.

4. Laura se levanta _____.

5. Para tener energía, Laura _____.

6. Los abuelos del hijo de Laura viven _____.

2 **La familia** Mira la ilustración e indica cómo están relacionadas estas personas. (6 × 1.5 pts. each = 9 pts.)

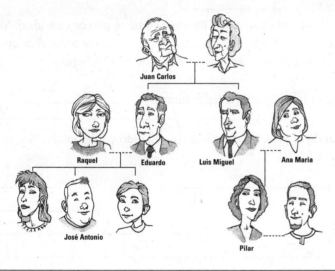

1. Pilar es _____ de Eduardo.

2. Raquel es _____ de Luis Miguel.

3. Eduardo es _____ de Luis Miguel.

4. José Antonio es _____ de Pilar.

5. Ana María es _____ de Juan Carlos.

6. Luis Miguel es _____ de José Antonio.

3 **¿Por o para?** Completa las oraciones con la respuesta apropiada. (6 × 1.5 pts. each = 9 pts.)

1. Salimos _____ la Costa del Sol mañana.
   a. para   b. por   c. por allí

2. Miguel y Cristina vivieron en Quito _____ tres años.
   a. para   b. por   c. por lo tanto

3. _____ llegó el tren, pero todavía había problemas.
   a. Por ejemplo   b. Por fin   c. Para siempre

4. Compré ropa nueva _____ el viaje.
   a. para   b. por   c. para colmo

5. Me gusta pasear _____ el parque.
   a. para   b. por   c. por lo visto

6. ¿_____ tienes un diccionario aquí?
   a. Por supuesto   b. Por lo visto   c. Por casualidad

4 **Planes** Completa este diálogo con la forma apropiada de los verbos de la lista.
(10 × 1.5 pts. each = 15 pts.)

aburrirse	enterarse	parecerse
acordarse de	levantarse	ponerse
afeitarse	maquillarse	quedarse
ducharse	mudarse	vestirse

LUZ Tenemos que hablar de nuestros planes para el fin de semana.

TONY ¿Tú no 1) _____ que los sábados yo siempre 2) _____ tarde? Aaah, pienso 3) _____ en la cama mirando la tele hasta las once.

LUZ Está bien, pero a las once y cuarto, (nosotros) 4) _____ la ropa deportiva y salimos a correr.

TONY De acuerdo. Después nosotros volvemos a la casa, 5) _____ y 6) _____ con ropa cómoda.

LUZ ¡Buena idea! Todos los días tengo que llevar ropa formal para el trabajo, y eso me molesta.

TONY Te comprendo. Por eso yo no 7) _____ la barba los fines de semana. Y tú, ¿crees que este sábado vas a 8) _____?

LUZ ¡Ni loca! No uso maquillaje los fines de semana. Bueno, ¿y qué te parece esta idea? Mi compañera de trabajo Magda, que siempre 9) _____ de todo, dice que debemos ver la exposición de pintura nicaragüense. Ella la vio con su hermano.

TONY ¿Y si no me gusta?

LUZ Lo dudo. Magda y su hermano han ido tres veces, y nunca 10) _____.

5 **Oraciones** Completa las oraciones usando el presente de subjuntivo cuando corresponda. No repitas los verbos. (5 × 2 pts. each = 10 pts.)

1. Quiero una familia que _____
2. Tengo unos parientes que _____
3. Espero encontrar un trabajo que _____
4. Necesito un(a) esposo/a que _____
5. Sueño con viajar a un lugar que _____

6 **La rutina** Escribe cinco oraciones describiendo la rutina de un miembro de tu familia. Usa verbos reflexivos. (5 × 2 pts. each = 10 pts.)

1. _____
2. _____
3. _____
4. _____
5. _____

Lectura
Padres e hijos

Cuando pienso en la importancia de la familia, me parece evidente que el papel (*role*) de la familia para las generaciones jóvenes de hoy es muy diferente del papel que tuvo la familia para nuestros padres y abuelos. Mi madre y mi abuelo, por ejemplo, formaron sus familias siendo muy jóvenes, pero yo todavía tengo mucho tiempo por delante (*ahead*) para prepararme. Ahora la gente se independiza más tarde, normalmente no antes de cumplir treinta años. Esto significa que probablemente pasaré muchos más años con mis padres, hasta que esté listo para formar mi propia familia.

Pienso que los hijos necesitan una familia que los apoye, los ayude y les ofrezca comprensión, especialmente cuando son jóvenes y todavía no son independientes. Después, son los hijos los que deben ayudar, sobre todo en la vejez de los padres.

Hoy en día, los niños pasan menos tiempo con parientes y más tiempo en guarderías (*day care centers*) mientras los padres trabajan. Yo fui uno de esos niños afortunados que pasó mucho tiempo con sus abuelos en la niñez. De ellos heredé el deseo de superar las dificultades y de ser exigente conmigo mismo (*with myself*). También aprendí a ser honrado, a no quejarme y a no pelearme con mis hermanos. Cuando crecí me di cuenta de que la familia es muy importante y de que hay una parte de la educación que sólo se aprende en casa.

Pensar en la familia me lleva a pensar en la creciente (*growing*) importancia que ahora le damos a los amigos, que, a veces, parecen sustituir a la familia. Parece que pasamos más tiempo con amigos que con nuestros padres y hermanos.

7 **Comprensión** Contesta las preguntas con oraciones completas. (6 × 1.5 pts. each = 9 pts.)

1. ¿Por qué el autor dice que va a pasar muchos más años con sus padres?

   _____

2. Según el autor, ¿cómo debe ser la familia con los hijos cuando éstos son jóvenes?

   _____

3. ¿Por qué piensa el autor que fue un niño afortunado?

   _____

4. ¿Qué aprendió de sus abuelos?

   _____

5. ¿De qué se dio cuenta el autor cuando se hizo adulto?

   _____

6. ¿Por qué dice el autor que los amigos a veces hacen el papel de familia?

   _____

8 **Y tú, ¿qué opinas?** ¿Estás de acuerdo con el autor sobre el papel de los padres y los hijos en la familia? ¿A qué edad quieres independizarte tú? ¿O a qué edad te independizaste? ¿Qué piensas del papel de los abuelos? Escribe un breve párrafo respondiendo a estas preguntas.
(3 pts. for grammar + 3 pts. for vocabulary and style = 6 pts.)

_____

_____

_____

_____

_____

9 **Composición** Describe tu niñez: tu rutina, las cosas que hacías, cómo era tu familia y cómo te relacionabas con ellos. ¿Para qué crees que sirve la familia? ¿Qué tipo de familia necesitas en el futuro? ¿Qué cualidades buscas en un esposo/a o en tus hijos/as? Usa el vocabulario y la gramática de esta lección en tu descripción. (10 pts. for grammar + 10 pts. for vocabulary and style = 20 pts.)

_____

_____

_____

_____

_____

_____

_____

_____

_____

_____

_____

_____

_____

_____

_____

_____

_____

_____

_____

_____

_____

_____

_____

_____

_____

_____

_____

_____

PRUEBA   # Lección 5

Las riquezas naturales

1 **La lotería** Primero, lee estas preguntas. Después, escucha la conversación de la familia García y contesta las preguntas con respuestas breves. (6 × 2 pts. each = 12 pts.)

1. ¿En qué están interesados los García?

   _____

2. ¿Qué haría el padre con el dinero?

   _____

3. ¿Por qué quisiera la madre una casa en el campo?

   _____

4. ¿Por qué le compraría la madre una computadora al hijo?

   _____

5. ¿Por qué no le interesa la computadora al hijo?

   _____

6. ¿Cómo usaría la familia el dinero para estar en contacto?

   _____

2 **Vocabulario** Indica qué palabra de cada grupo no está relacionada con las demás. (6 × 1 pt. each = 6 pts.)

1. árbol   sol   río   porvenir
2. bosque   desierto   mono   mar
3. paisaje   lagarto   oso   águila
4. terremoto   combustible inundación   sequía
5. agotar   destruir   resolver   desaparecer
6. prevenir   proteger   conservar   amenazar

3 **Pronombres relativos** Completa las oraciones con la respuesta apropiada. (6 × 1.5 pts. each = 9 pts.)

1. El tigre es un animal _____ caza con mucha habilidad.
   a. que   b. quien   c. cuyo

2. Los García, _____ conocí el mes pasado, salen para Colombia.
   a. el cual   b. quien   c. a quienes

3. Esos árboles, _____ nombre no sé, son bellísimos.
   a. quienes   b. los cuales   c. cuyo

4. ¿Es éste el libro en _____ viste la foto del profesor?
   a. el que   b. cuyo   c. quien

5. La semana próxima es la entrevista para _____ Marta se prepara todos los días.
   a. quien   b. la cual   c. que

6. Mira, éstos son los amigos de _____ te hablé el otro día.
   a. los que   b. la cual   c. cuyos

4 **En el futuro** Describe cómo será tu vida en el año 2050. Escribe cinco oraciones utilizando verbos diferentes de la lista y el vocabulario de la lección. (5 × 3 pts. each = 15 pts.)

decir	hacer	poner	tener
haber	poder	saber	venir

1. _____
2. _____
3. _____
4. _____
5. _____

5 **¿Qué harías?** Indica qué harías en estas situaciones. Usa el condicional de cinco verbos diferentes. (5 × 2 pts. each = 10 pts.)

1. Tus amigos quieren que les recomiendes una película de aventuras.

   _____

2. Tienes un examen muy difícil a finales de este mes.

   _____

3. Ganas mucho dinero en la lotería.

   _____

4. Tus padres te regalan un mono por tu cumpleaños.

   _____

5. Tus amigos te retan (*dare*) a que hagas "algo loco".

   _____

6 **Un mundo mejor** ¿Qué acciones tomarás en el futuro para ayudar a la Tierra? ¿Cuáles nunca tomarías? Usa las palabras de la lista para escribir oraciones con el futuro y el condicional. (5 × 2 pts. each = 10 pts.)

agua	contaminar	especie
árboles	destruir	malgastar
basura	echar	proteger
conservar	energía	río

1. _____
2. _____
3. _____
4. _____
5. _____

Lectura
Mejorar el mundo

Son tantos los peligros que amenazan nuestro planeta que no es extraño que la gente esté más y más preocupada cada día. La contaminación del aire y del agua, el efecto invernadero, la escasez de recursos naturales y la desaparición de los bosques son amenazas que, si no nos afectan personalmente ahora, nos afectarán a nosotros o a nuestros descendientes en un futuro no muy lejano. ¿Qué podemos hacer nosotros en nuestra rutina diaria para intentar mejorar el estado del medio ambiente? ¿Qué podemos hacer cada día para mejorar nuestra calidad de vida? Les hicimos estas preguntas a un grupo de jóvenes, que son, sin duda, el futuro de nuestra sociedad.

MARÍA Para mejorar el medio ambiente desde mi residencia estudiantil, yo voy a convencer a mis compañeros para que juntos reciclemos todo el plástico y el papel. Ya hay un programa de reciclaje en el campus, pero no todos los estudiantes reciclan.

JUANCHO Pues yo propongo hacer unos carteles (*posters*) informativos para insistir en que la gente no malgaste el agua. Todos sabemos que hay escasez de agua por la sequía, pero yo todavía veo a compañeros que dejan correr el agua cuando no la están usando. Lo mismo ocurre con la electricidad. Lo veo en mi propia casa también, no sólo en la universidad.

TERE Yo creo que una de las razones por las que la gente no está interesada en proteger la naturaleza es el ritmo de vida que llevamos. Me explico: vivimos en una sociedad que no para; no tenemos ni un minuto libre para observar los árboles o los pájaros. A mí me gustaría proponer que cada uno de nosotros tome quince minutos cada día para observar y apreciar la naturaleza. Creo que si todos la apreciamos un poco más, haremos un esfuerzo más grande para protegerla.

7 **Comprensión** Contesta las preguntas con oraciones completas. (6 × 1.5 pts. = 9 pts.)

1. ¿Cuáles son algunos de los problemas que afectan al medio ambiente?

    _____

2. ¿Quiénes son, según la lectura, el futuro de la sociedad?

    _____

3. ¿Por qué dice María que los estudiantes de su residencia tienen que reciclar más?

    _____

4. ¿Cuál es el problema que ve Juancho?

    _____

5. Según Tere, ¿por qué no se interesa más gente en proteger la naturaleza?

    _____

6. ¿Qué propone Tere para que la gente se interese en proteger la naturaleza?

    _____

8 **Trabajar juntos** Elige a uno de los tres jóvenes y explica lo que ustedes harían juntos/as para luchar contra el problema que le preocupa. (4 pts. for grammar + 5 pts. for vocabulary and style = 9 pts.)

_____

_____

_____

_____

_____

9 | **Composición** Imagina que tienes la oportunidad de darle al presidente de tu país tu opinión sobre su política (*policy*) medioambiental. Explícale (usando el condicional) lo que tú harías para resolver los problemas que amenazan el medio ambiente y describe (usando el futuro) qué pasará si no se resuelven. (10 pts. for grammar + 10 pts. for vocabulary and style = 20 pts.)

_____

_____

_____

_____

_____

_____

_____

_____

_____

_____

_____

_____

_____

_____

_____

_____

_____

_____

_____

_____

_____

_____

_____

_____

_____

_____

_____

_____

_____

_____

PRUEBA

Lección 6

El valor de las ideas

1 **El activismo** Vas a escuchar una charla (*talk*) informativa que tiene lugar en un barrio de Santiago de Chile. Indica si cada afirmación es **cierta** o **falsa**. (6 × 2 pts. each = 12 pts.)

	Cierto	Falso
1. Chilenos en Acción es un grupo de activistas asociado con Amnistía Internacional.	○	○
2. La misión del grupo es ayudar a víctimas de desastres naturales.	○	○
3. El objetivo de la reunión es encontrar ciudadanos interesados en trabajar como voluntarios.	○	○
4. El hablante menciona la buena suerte del pueblo chileno, que no ha sufrido abusos contra los derechos humanos.	○	○
5. Los voluntarios participarían en la distribución de comida.	○	○
6. La educación de los ciudadanos es la forma más efectiva para convertir en prioridad los derechos humanos.	○	○

2 **Definiciones** Empareja cada definición con la palabra correcta. (6 × 1.5 pts. each = 9 pts.)

_____ 1. Mandar a alguien a prisión   a. oprimido

_____ 2. Persona que defiende a un acusado ante un tribunal   b. espiar

_____ 3. Símbolo rectangular de una nación   c. encarcelar

_____ 4. Alguien que sufre abusos   d. analfabeto

_____ 5. Persona que no sabe leer ni escribir   e. bandera

_____ 6. Buscar información secreta sobre una persona   f. abogado

3 **Conjunciones** Completa las oraciones con el presente del indicativo o del subjuntivo según corresponda. (5 × 2 pts. each = 10 pts.)

1. Tan pronto como el presidente _____ (empezar) a gobernar con justicia, los ciudadanos dejarán de criticarlo.

2. Aunque el presidente _____ (decir) que todo va bien, algunos periodistas siempre encuentran algún tema para cuestionarlo.

3. Mientras _____ (existir) las armas, habrá violencia.

4. Cuando _____ (haber) más solidaridad, los ciudadanos no necesitarán organizar protestas.

5. A pesar de que los medios de transporte _____ (funcionar) mejor que en el pasado, yo creo que todavía pueden mejorar más.

4 **Comparaciones** Escribe seis oraciones comparando los elementos de esta lista. Usa **mejor** o **peor** al menos una vez. (6 × 1.5 pts. each = 9 pts.)

> **modelo**
> *La paz es más importante que la justicia.*

conservador	dictadura	justicia	libertad	paz	presidente
democracia	guerra	liberales	pacifistas	políticos	terroristas

1. _____
2. _____
3. _____
4. _____
5. _____
6. _____

5 **Oraciones** Completa las oraciones utilizando el pretérito imperfecto del subjuntivo. No repitas los verbos. (5 × 2 pts. each = 10 pts.)

1. Mi hermano dudaba que yo _____
2. Yo temía que tú _____
3. El presidente le pidió a los ciudadanos que _____
4. Era importante que el gobierno _____
5. Yo les aconsejé que _____

6 **Puntos de vista** Piensa en los problemas sociales de tu ciudad y en sus posibles soluciones. Escribe seis oraciones expresando tus puntos de vista. Usa algunos de estos comparativos y superlativos. (6 × 2 pts. each = 12 pts.)

el/la mejor	mejor... que	tan... como
el/la peor	menos... que	tanto como
más... que	peor... que	tantos/as... como

1. _____
   _____
2. _____
   _____
3. _____
   _____
4. _____
   _____
5. _____
   _____
6. _____
   _____

Lectura
Trabajar con Amnistía Internacional de Chile

¿Eres uno de los miles de idealistas a quienes les gustaría que los problemas y las injusticias sociales desaparecieran algún día? Aunque no lo creas, es posible. Bienvenido a www.amnistiainternacional.cl. Éste es el sitio perfecto si deseas trabajar como voluntario o realizar prácticas profesionales con Amnistía Internacional (AI) Chile. Los individuos que participan y trabajan voluntariamente son esenciales para AI y constituyen una parte fundamental de nuestra organización.

Trabajo voluntario: Si eres joven y quieres dejar tu huella (*mark*) en el mundo antes de que tu vida se llene de obligaciones, éste es el lugar adecuado. Si quieres hacer trabajo voluntario con AI Chile, aquí puedes ver oportunidades de participación.

Ciberactivismo: Ser ciberactivista consiste en hacer posible la acción individual por medios electrónicos. Los voluntarios se dedican a comunicar y activar a más de 800 participantes para garantizar la visibilidad de las campañas electrónicas en la página Internet de AI Chile.

Prácticas profesionales: Tenemos oportunidades de prácticas profesionales para ocho estudiantes por semestre. Las personas interesadas en prácticas profesionales deben: 1) tener al menos 18 años de edad; 2) haber finalizado al menos estudios medios y preferiblemente estar cursando estudios universitarios; 3) si son chilenos/as, presentar una solicitud (*application*) de práctica de su universidad o centro de estudios; 4) si son extranjeros/as, tener un pasaporte válido y un permiso de residencia durante el período de la práctica profesional; 5) tener tiempo para trabajar entre 25 y 35 horas semanales durante seis meses; 6) tener acceso a medios económicos durante todo el período de la práctica profesional; 7) poder comunicarse (hablar y escribir) con fluidez en español.

---

7 **Comprensión** Contesta las preguntas con oraciones completas. (6 × 1.5 pts. each = 9 pts.)

1. ¿A qué tipo de personas está dedicado este sitio de Internet?
   _____

2. ¿Qué tipos principales de trabajo ofrece AI Chile?
   _____

3. Según la lectura, ¿por qué el trabajo voluntario es conveniente para los jóvenes?
   _____

4. ¿Qué es el ciberactivismo?
   _____

5. ¿Qué necesitan los extranjeros para hacer prácticas profesionales en AI Chile?
   _____

6. ¿Cómo necesitan hablar español las personas interesadas en las prácticas profesionales?
   _____

---

8 **Reacciones** ¿Cómo reaccionarían tus amigos al leer los anuncios de la lectura? ¿Trabajarían para una organización como AI? ¿Y tú? Escribe un párrafo al respecto. (4 pts. for verb usage + 5 pts. for vocabulary and style = 9 pts.)

_____
_____
_____
_____
_____

---

9 **Composición** Ahora tú tienes la oportunidad de reclutar (*recruit*) voluntarios. Piensa en una causa por la que trabajarían. Describe la situación de abuso o de injusticia usando comparativos y superlativos. Describe qué les dirías a los voluntarios para inspirarlos y qué quisieras que hicieran (usa el pretérito imperfecto del subjuntivo). Usa al menos cinco de las palabras y frases de la lista. (10 pts. for verb usage + 10 pts. for vocabulary and style = 20 pts.)

antes de que	hasta que	para que	tan... como
cuando	mejor	peor	

_____

_____

_____

_____

_____

_____

_____

_____

_____

_____

_____

_____

_____

_____

_____

_____

_____

_____

_____

_____

_____

_____

_____

_____

_____

PRUEBA

Lección 7

Perspectivas laborales

1 **La entrevista de Paco** Vas a escuchar la historia de Paco, un escritor que se quedó sin trabajo. Escucha con atención y, después, elige la mejor opción. (6 × 2 pts. each = 12 pts.)

1. La revista en la que trabajaba Paco despidió a los empleados porque _____.
   a. contrató a nuevos empleados   b. no iba bien   c. abrió una oficina nueva

2. El gerente de la empresa dice que el país está en un momento de _____.
   a. crisis económica   b. riqueza   c. bancarrota

3. Cuando Paco se enteró de lo que pasaba en la revista, _____ a varios lugares.
   a. pagó impuestos   b. pidió dinero prestado c. envió su currículum

4. La gerente editorial de la nueva revista necesita a alguien que sepa dirigir _____.
   a. presupuestos   b. a empleados inexpertos c. reuniones

5. A Paco le gustaría el nuevo puesto porque _____.
   a. el sueldo es alto   b. puede trabajar sin condiciones
   c. sería el nuevo gerente

6. La gerente editorial le ha dicho que hay posibilidades de _____.
   a. ahorrar   b. estar bajo presión   c. ascender

2 **Asociaciones** Empareja cada palabra del primer recuadro con la palabra del segundo recuadro que mejor se relacione. (6 × 2 pts. each = 12 pts.)

_____ 1. aumento   _____ 4. cuenta   a. de débito   d. económica
_____ 2. bolsa   _____ 5. pedir   b. cargo   e. prestado
_____ 3. crisis   _____ 6. tarjeta   c. corriente   f. de sueldo
                                                                     g. de valores

3 **Una oferta** Completa la conversación con las palabras correctas. (10 × 1 pt. each = 10 pts.)

capaz	empresa	gerente	jubilarse	puesto	sindicatos
deuda	exitoso	impuestos	presupuesto	reunión	sueldo

MANOLO Sé que estás pensando en cambiar de 1) _____ de trabajo y creo que te puedo ayudar. Mi padre ya no quiere trabajar. Él quiere 2) _____ y en nuestra 3) _____ necesitamos otro 4) _____. Me parece que tú eres una persona muy 5) _____. ¿Por qué no me mandas tu currículum vitae y yo hablo con mis socios? Tengo una 6) _____ con ellos hoy por la tarde.

MARTA Muy bien, te lo mando ahora mismo. Muchas gracias por pensar en mí. Y, ¿sabes cuál sería el 7) _____?

MANOLO Necesito mirar bien el 8) _____ del próximo año antes de poder decirte. Pero yo creo que va a ser un año 9) _____, así que creo que no sería menos de 70.000 dólares, sin incluir los 10) _____.

MARTA Me parece muy bien, Manolo. Llámame cuando sepas algo.

4 **Un día imposible** Hoy no ha sido tu día de suerte y nada te fue bien. Escribe tres oraciones para describir lo que te pasó sin querer. (3 × 2 pts. each = 6 pts.)

> **modelo**
> caer los papeles
> *Se me cayeron los papeles en el tren.*

1. acabar la gasolina: _____

2. perder las tarjetas de crédito: _____

3. olvidar el currículum: _____

5 **Letreros informativos** Los dueños de una librería quieren hacer letreros con la información de estas cuatro oraciones. Para cada una, escribe una expresión equivalente con el **se** impersonal o el **se** pasivo. (4 × 2 pts. each = 8 pts.)

1. Esta librería necesita un nuevo empleado. _____

2. En esta librería hay empleados que hablan español. _____

3. Esta librería vende libros antiguos. _____

4. Esta librería no acepta tarjetas de crédito. _____

6 **Lo dudo** Indica si crees que estas situaciones han ocurrido de verdad. Usa las expresiones de la lista y el pretérito perfecto del indicativo o del subjuntivo, según corresponda. (4 × 2 pts. each = 8 pts.)

> (no) creo que   (no) dudo que   (no) es verdad que

1. Mi mejor amigo/a (trabajar en un restaurante de comida rápida)

_____

2. Mi padre (ser un gran atleta)

_____

3. Mi profesor(a) de español (conocer a un actor famoso)

_____

4. Uno de mis parientes (ir a una isla exótica)

_____

7 **¿Qué han hecho?** Mira las imágenes y escribe qué ha pasado en cada una usando el pretérito perfecto. No repitas verbos. (3 × 2 pts. each = 6 pts.)

1.   2.   3.

1. _____

2. _____

3. _____

Lectura
Vencer el miedo para conseguir lo que se desea

Mauricio acaba de terminar sus estudios de economía en la Universidad Nacional Autónoma de México. Ahora quisiera encontrar un trabajo, pero no sabe qué hacer. Desde que se graduó, Mauricio ha pasado muchísimo tiempo leyendo los anuncios clasificados en los periódicos, y hasta ahora sólo ha encontrado puestos en ventas. Pero él prefiere trabajar como consejero de finanzas en un banco o una empresa financiera. Mauricio ha mandado su currículum vitae a muchas empresas, pero nunca le devuelven sus llamadas telefónicas ni expresan ningún interés en contratarlo.

La semana pasada, Mauricio estaba muy nervioso porque decidió ir personalmente a una sucursal (*branch*) del Banco de México que queda cerca de su casa. Después de haber intentado tantas otras opciones, lo peor que podía pasar era que le dijeran que no había trabajo para él. Desafortunadamente, la sucursal estaba cerrada.

El lunes siguiente, a las ocho de la mañana, Mauricio salió de su casa para llegar al Banco de México a las nueve en punto. En cuanto entró por la puerta, inmediatamente preguntó por el gerente de la sucursal. Mauricio estaba convencido de que los empleados del banco se iban a reír de él por tratar de hablar con el gerente sin tener una cita.

Mauricio no podía creer lo que estaba oyendo cuando el empleado del banco le dijo que el señor Valdés, el gerente de la sucursal, estaba libre en ese momento y tenía tiempo de sentarse a hablar con él. Mauricio entró en la oficina del gerente y le explicó que acababa de graduarse y que buscaba un trabajo en el que pudiera aplicar sus conocimientos financieros. El señor Valdés le dijo que la semana anterior había despedido a un empleado, y que justamente había una vacante. Después de leer su currículum, le ofreció a Mauricio el empleo inmediatamente.

8 **Comprensión** Contesta las preguntas con oraciones completas. (6 × 1.5 pts. each = 9 pts.)

1. ¿Cuál es el problema de Mauricio?

   _____

2. ¿Por qué no le interesan a Mauricio los puestos de los anuncios clasificados?

   _____

3. ¿Qué buena idea tuvo Mauricio?

   _____

4. ¿Por qué salió Mauricio temprano de su casa el lunes por la mañana?

   _____

5. ¿Por qué pensó Mauricio que los empleados del banco se reirían de él?

   _____

6. ¿Cómo concluyó la cita de Mauricio con el señor Valdés?

   _____

9 **Un momento de determinación** ¿Te ha pasado algo como lo que le sucedió a Mauricio? ¿Has hecho algo en tu vida con mucho miedo pero con mucha determinación? ¿Cómo te resultó? Escribe un párrafo breve para describir esa situación y lo que aprendiste de ella. (4 pts. for verb usage + 5 pts. for vocabulary and style = 9 pts.)

_____

_____

_____

_____

_____

_____

10 **Composición** ¿Cómo presentarías tus conocimientos y tu experiencia si estuvieras buscando trabajo? Escribe un correo electrónico a una consejera laboral en el que describes tus experiencias académicas, extracurriculares y, si te aplican, laborales. Describe tus habilidades (*skills*) y el tipo de trabajo que te gustaría conseguir. (10 pts. for verb usage + 10 pts. for vocabulary and style = 20 pts.)

_____

_____

_____

_____

_____

_____

_____

_____

_____

_____

_____

_____

_____

_____

_____

_____

_____

_____

_____

_____

_____

_____

_____

_____

_____

_____

_____

_____

_____

_____

PRUEBA

Lección 8

Ciencia y tecnología

1 **Inventos extraordinarios** Vas a escuchar una narración sobre los inventos modernos y los cambios que han producido. Escucha con atención y, después, completa las oraciones.
(12 × 1 pt. each = 12 pts.)

En 1898, Charles Duell, empleado en la Oficina de 1) _____, afirmó que "Todo lo que podía ser inventado ya ha sido 2) _____". Veinte años antes, se había inventado 3) _____, uno de los avances 4) _____ más importantes de la historia. Puedes usar el teléfono 5) _____ lejos de los 6) _____, en la playa o en 7) _____. Existe otro invento aún más revolucionario: 8) _____, que empezó a generalizarse en 9) _____ y ha llegado a sustituir al teléfono en 10) _____. 11) _____ pueden trabajar desde 12) _____ sin necesidad de estar en la oficina.

2 **Definiciones** Junto a cada definición, anota la palabra que corresponda de la lista.
(6 × 1.5 pts. each = 9 pts.)

aterrizar	gravedad
contraseña	herramienta
experimento	química
genética	telescopio

1. La ciencia que estudia los genes: _____

2. La palabra secreta para entrar en tu correo electrónico: _____

3. El instrumento para poder ver los planetas con más detalle: _____

4. Tocar tierra después de haber volado: _____

5. La fuerza que lo atrae todo hacia el centro de la Tierra: _____

6. Un estudio para comprobar si una teoría es cierta o falsa: _____

3 **¿Para qué sirve?** Completa las oraciones para describir la utilidad de cada invento.
(5 × 2 pts. each = 10 pts.)

1. Con un buscador es fácil…

   _____

2. Con una computadora portátil se puede…

   _____

3. El corrector ortográfico sirve para…

   _____

4. La dirección electrónica sirve para…

   _____

5. Con una cámara digital es fácil…

   _____

4 **El premio Nobel** Completa estas oraciones con el pluscuamperfecto del indicativo o del subjuntivo de los verbos entre paréntesis, según corresponda. (6 × 1.5 pts. each = 9 pts.)

La semana pasada leí un artículo sobre una expresión de gratitud impresionante. Yo nunca **había escuchado** (escuchar) una historia igual. Un representante de la fundación Nobel llamó recientemente a la científica Noelia Prado para decirle que (*ella*) 1) _____ (recibir) el premio Nobel de Física. Cuando escuchó la noticia, la doctora Prado se alegró muchísimo de que la 2) _____ (premiar) a ella, pero también se sorprendió de que no 3) _____ (incluir) a sus colegas en el premio. Era evidente que todos 4) _____ (trabajar) juntos en el proyecto desde el principio. Además, antes de que ella 5) _____ (dirigir) el proyecto, la verdad era que sus colegas 6) _____ (desarrollar) la primera teoría, y sin ellos el experimento no habría sido posible. De ninguna manera podía aceptar el premio si no reconocían al resto de su equipo.

5 **La respuesta de la Dra. Prado** Completa las oraciones usando los dos verbos entre paréntesis y añadiendo preposiciones cuando sea necesario. (6 × 2 pts. each = 12 pts.)

Ayer recibió la noticia, y hoy la doctora Prado **piensa llamar** (pensar / llamar) a la fundación Nobel porque 1) _____ (querer / protestar) por la decisión. Llama por teléfono al representante de la fundación y le 2) _____ (tratar / explicar) lo que piensa sobre no incluir a sus colegas en el premio. Le dice que 3) _____ (ser importante / reconocer) a todas las personas del equipo. El representante, muy educado, la 4) _____ (escuchar / hablar) por unos minutos sin interrumpirla y le responde que le 5) _____ (permitir / compartir) el premio con sus colegas. La doctora Prado no 6) _____ (poder / contener) su alegría y llama inmediatamente a sus compañeros para darles la noticia.

6 **Oraciones** Completa las oraciones diciendo qué había ocurrido ya y qué no había ocurrido todavía cuando hiciste lo siguiente. (5 × 2 pts. each = 10 pts.)

1. Cuando visité a mis padres en el Día de Acción de Gracias, ellos todavía no…

   _____

2. Cuando salí de casa esta mañana, mi amigo/a ya…

   _____

3. Cuando empezamos a estudiar aquí, nosotros todavía no…

   _____

4. Cuando cumplí (*turned*) 18 años, yo ya…

   _____

5. Cuando aprendí a montar en bicicleta, mis padres ya…

   _____

Lectura
Todo un experto

A mi hermano Alberto siempre le había encantado todo lo relacionado con el universo. Cuando tenía nueve años mis padres le regalaron un telescopio y, desde entonces, se pasaba horas y horas mirando las estrellas. Desde pequeño estuvo muy obsesionado con todo lo relacionado con la ciencia y la tecnología. Por eso, un día mi padre, que trabajaba como administrativo en el departamento de ciencias de la Universidad de Temple, en Filadelfia, le preguntó a uno de los profesores si podría llevar a Alberto a una de sus clases. Un viernes que Alberto no tenía clases, mi padre lo llevó a su oficina y le presentó al profesor Sánchez. El profesor lo dejó asistir a una de sus clases y le enseñó el planetario. Según Alberto, ése fue uno de los días más inolvidables de su vida. A partir de ese día y siempre que podía, Alberto iba a la clase del profesor Sánchez y éste le recomendaba algunos libros para que poco a poco fuera aprendiendo más.

Con los años, Alberto se convirtió en todo un experto en astronomía e ingeniería mecánica y se graduó con honores. El año pasado consiguió un puesto de trabajo en la NASA. Él dice que le habría gustado ser astronauta, pero las pruebas de selección eran demasiado difíciles. Ahora él es mecánico espacial. Él controla y examina los transbordadores espaciales y se encarga del mantenimiento. Su amigo Daniel también trabaja allí, pero en el departamento de avances tecnológicos. Es decir, ayuda a desarrollar nuevos inventos. Sus trabajos son muy interesantes y aunque ambos tienen muchas responsabilidades, a ellos les encanta trabajar ahí.

7 **Comprensión** Contesta las preguntas con oraciones completas. (6 × 1.5 pts. each = 9 pts.)

1. ¿Qué le había gustado a Alberto desde que era niño?

_____

2. ¿Qué le regalaron sus padres cuando tenía nueve años?

_____

3. ¿Adónde lo llevó su padre un día? ¿A quién le presentó?

_____

4. ¿Qué hizo el profesor Sánchez cuando lo conoció?

_____

5. ¿Qué le habría gustado ser a Alberto?

_____

6. ¿Quién es Daniel y dónde trabaja?

_____

8 **Intereses de la infancia** ¿Qué curiosidades científicas habías tenido antes de llegar a la escuela secundaria? ¿Había alguna profesión científica que te hubiera interesado más que otras? ¿Cómo cambiaron tus intereses al hacerte mayor? Escribe un breve párrafo contestando estas preguntas. (4 pts. for verb usage + 5 pts. for vocabulary and style = 9 pts.)

_____

_____

_____

_____

_____

_____

9 **Composición** Hoy en día, los avances tecnológicos como el teléfono celular, la cámara digital y la computadora portátil resultan fundamentales en la vida cotidiana. Escribe una composición contestando estas preguntas. (10 pts. for verb usage + 10 pts. for vocabulary and style = 20 pts.)

- ¿Qué importancia tiene la tecnología en tu vida?
- ¿Estás totalmente acostumbrado/a a hacer uso de estos avances?
- ¿Crees que hacen la vida más fácil o que, por el contrario, nos crean dependencias que antes no teníamos?
- ¿Podrías prescindir de (*do without*) alguno de ellos sin mayores problemas? ¿De cuál?

_____

_____

_____

_____

_____

_____

_____

_____

_____

_____

_____

_____

_____

_____

_____

_____

_____

_____

_____

_____

_____

_____

_____

_____

_____

PRUEBA

Lección 9

Escapar y divertirse

1 **Marco y sus actividades** Escucha lo que dice Marco sobre sus actividades e indica si lo que dice cada oración es **cierto** o **falso**. Corrige las oraciones falsas. (6 × 2 pts. each = 12 pts.)

	Cierto	Falso
1. El único deporte que practica Marco es el fútbol.	○	○
2. Una lesión en la rodilla le impidió convertirse en futbolista profesional.	○	○
3. Los fines de semana no puede salir porque trabaja.	○	○
4. Las salidas con sus amigos pueden extenderse hasta muy tarde.	○	○
5. Los domingos prefiere hacer actividades tranquilas.	○	○
6. Cuando llega el lunes, Marco está muy cansado.	○	○

2 **Vocabulario** Completa las oraciones escribiendo la(s) palabra(s) correcta(s) en cada espacio en blanco. (6 × 1.5 pts. each = 9 pts.)

aficionado/a	animado/a	entradas	teatro
aguafiestas	colecciona	parque de atracciones	vale la pena

1. El partido estuvo muy _____. La gente no paraba de gritar.

2. Hoy estrenan la película; ya se agotaron las _____.

3. Marina es una gran _____ al fútbol; va a todos los partidos.

4. Me encanta visitar la casa de terror en el _____.

5. ¡Vamos! ¡No seas _____! Eres el único que no quiere ir a la feria.

6. Ese espectáculo es muy aburrido y caro. Creo que no _____ ir.

3 **El pesimista** Manolo es pesimista. Completa lo que dice con las opciones de la lista. Utiliza el futuro perfecto para describir probabilidad. (5 × 2 pts. each = 10 pts.)

agotarse los boletos	lastimarse	perder todo el dinero
charlar	marcar ningún gol	ser aburrido/a

1. Mañana es el concierto; me imagino que ya _____.

2. María fue ayer a una obra de teatro; me imagino que la obra _____.

3. Hoy aposté por primera vez; seguro que _____.

4. Mi equipo jugó hoy, y siempre pierde; probablemente no _____.

5. Mi hermanito es muy torpe (*clumsy*) y hoy tuvo una carrera; me imagino que _____.

4 **Una vida distinta** Completa estas oraciones para describir cómo habría sido tu vida si las siguientes circunstancias hubieran sido diferentes. Utiliza el condicional perfecto. (5 × 2 pts. each = 10 pts.)

> **modelo**
> Pudiste elegir dónde ibas a vivir.
> *Habría vivido cerca del mar.*

1. Pudiste elegir dónde ibas a nacer.

   _____

2. Pudiste elegir qué deportes ibas a practicar.

   _____

3. Pudiste elegir qué hermanos/as ibas a tener.

   _____

4. Pudiste elegir quién iba a ser tu profesor(a) de _____

   _____

5. Pudiste elegir a tus compañeros de clase.

   _____

5 **Condicionales** Completa estas oraciones condicionales según tu opinión. Utiliza el tiempo verbal que corresponda. (5 × 2 pts. each = 10 pts.)

1. Si tuviera más tiempo libre, _____.
2. Practicaría más deportes si _____
3. Mi escuela sería más aburrida si _____.
4. Si termino pronto mi trabajo, _____
5. Si hubiéramos salido anoche, mis amigos y yo _____

6 **Imagínate el futuro** Imagina cómo será tu vida dentro de diez años. Escribe cuatro oraciones describiendo qué cosas ya habrán ocurrido o qué habrás hecho para entonces. Utiliza el futuro perfecto. (4 × 3 pts. each = 12 pts.)

_____

_____

_____

_____

_____

_____

_____

_____

Lectura
Una oportunidad única

Mi hermano y yo siempre habíamos querido visitar Buenos Aires, y por fin se nos presentó la oportunidad de viajar allí cuando nuestra prima nos invitó a su boda (*wedding*). Dentro de dos semanas se casa con un joven músico argentino. Nuestro futuro primo se llama Rodrigo Amel y, además de ser músico, también es el dueño de una de las salas de conciertos más importantes de Buenos Aires. Rodrigo planeó nuestra visita con toda clase de salidas al teatro, a conciertos, a museos y mi actividad favorita: una visita a la Casa-Museo de Carlos Gardel, el gran cantante de tango.

Mi hermano Álex y yo somos muy aficionados a la música de jazz y también nos encanta el tango argentino. Este año hemos estado practicando y hemos formado un grupo musical. Si todo sale como planeamos, el año próximo iremos a estudiar música a la escuela de Berklee en Boston, y mientras tanto, este verano planeamos tocar en fiestas privadas en Miami, nuestra ciudad.

El otro día, en la sala de conciertos de Rodrigo, un conjunto musical de Miami había terminado su recital y los músicos estaban tomando un descanso antes de empezar a recoger (*put away*) sus instrumentos. Álex y yo les preguntamos si podíamos tocar algo mientras ellos descansaban, y dijeron que sí. Si hubiéramos sabido que íbamos a poder tocar, habríamos practicado nuestras mejores canciones, pero lo que Álex y yo empezamos a tocar fue un tango que habíamos oído el día anterior.

Cuando empezamos a tocar, todos dejaron de hablar y se pusieron a escucharnos con cara de sorpresa. Al terminar la canción, todos aplaudieron y los músicos de Miami empezaron a hacernos preguntas y nos pidieron que tocáramos algo de jazz. Se quedaron tan impresionados que ¡nos invitaron a tocar con ellos en sus conciertos de este verano por los Estados Unidos! ¡Una oportunidad única!

---

7   **Comprensión** Contesta las preguntas con oraciones completas. (6 × 1.5 pts. each = 9 pts.)

1. ¿Por qué viajaron el narrador y su hermano a Buenos Aires?

_____

2. ¿Quién es Rodrigo Amel?

_____

3. ¿Cuál fue la actividad favorita del narrador en Buenos Aires?

_____

4. ¿A qué son aficionados el narrador y su hermano?

_____

5. ¿Qué pasará si sus planes se hacen realidad?

_____

6. ¿En qué consiste "la oportunidad única" para el narrador y su hermano?

_____

8   **¿Qué habría pasado?** Imagina que la prima del narrador no hubiera conocido a Rodrigo. ¿Cómo habría sido el verano de los hermanos sin su viaje a Argentina ni su invitación a dar conciertos? Escribe un párrafo contestando esta pregunta. (4 pts. for verb usage + 4 pts. for vocabulary and style = 8 pts.)

_____

_____

_____

_____

_____

---

9   **Composición**   ¿Te ha ocurrido alguna vez un acontecimiento que cambió tu vida o provocó que tomaras una decisión importante? ¿Has pensado cómo habría sido tu vida si ese acontecimiento no hubiera ocurrido? Puedes escribir sobre una situación imaginaria. Escribe una composición contestando las preguntas. (10 pts. for verb usage + 10 pts. for vocabulary and style = 20 pts.)

_____

_____

_____

_____

_____

_____

_____

_____

_____

_____

_____

_____

_____

_____

_____

_____

_____

_____

_____

_____

_____

_____

_____

_____

_____

_____

_____

_____

_____

_____

PRUEBA

Lección 10

Destino y diversidad

1 **Entrevista** Vas a escuchar una entrevista con María Isabel Romero, una experta en inmigración, y a continuación seis preguntas. Escucha con atención y, después, completa las respuestas.
(6 × 2 pts. each = 12 pts.)

1. El libro se llama _____.

2. Ella estudió _____.

3. Se interesó porque sus padres son _____ y ella quería _____ profesionalmente.

4. Su trabajo consiste en _____, sobre todo cuando _____.

5. Dice eso porque la inmigración _____.

6. Vemos a _____ en la calle, tenemos a personas de _____ como vecinos y en _____ hay _____.

2 **Vocabulario** Completa las siguientes oraciones con las palabras de la lista. (6 × 1.5 pts. each = 9 pts.)

diálogo	maltrato	oficial
excluido/a	materno/a	polémica
extrañar	nivel de vida	previsto/a

1. Como emigrante, debes _____ mucho la comida de tu país, ¿no?

2. Mi lengua _____ no es el inglés.

3. Muchos inmigrantes se sienten _____ de la sociedad.

4. La mayoría de las personas que emigran lo hacen para mejorar su _____.

5. Su éxito fue una sorpresa para todos. Nadie lo había _____.

6. Para que haya entendimiento entre los partidos políticos es necesario el _____.

3 **Conversación** Completa esta conversación con la forma correcta del tiempo verbal apropiado. Usa los verbos entre paréntesis. (10 × 1 pt. each = 10 pts.)

OLIVIA ¿1) _____ (oír) la noticia sobre la nueva ley de inmigrantes?

RAMÓN No, no 2) _____ (prender) el televisor en todo el día.

OLIVIA Hombre, tienes que 3) _____ (ponerse) al tanto... Bueno, yo te lo 4) _____ (contar). Los senadores 5) _____ (estar) debatiendo hasta la medianoche. Parecía que todo 6) _____ (ir) bien, pero al final no llegaron a ningún acuerdo.

RAMÓN Pues yo 7) _____ (hacer) un mayor esfuerzo para 8) _____ (resolver) el problema.

OLIVIA Claro, yo también. Pero si todo 9) _____ (ser) así de fácil en la política, nunca 10) _____ (haber) polémica de nada, ¿verdad?

4 **Oraciones** Reescribe las siguientes oraciones usando la voz pasiva. (5 × 2 pts. each = 10 pts.)

1. La dictadura obligó a muchos a exiliarse.

   _____

2. La riqueza cultural de España atrae a miles de turistas.

   _____

3. La mayoría de los votantes rechazó la nueva ley.

   _____

4. La inmigración masiva afecta a toda la sociedad.

   _____

5. Hemos logrado todas las metas.

   _____

5 **Preguntas** Contesta las preguntas con expresiones afirmativas o negativas, según corresponda.
(5 × 2 pts. each = 10 pts.)

1. ¿No has aprendido nada sobre la emigración?

   Sí, _____

2. ¿Conoces algún lugar donde no haya inmigrantes?

   No, _____

3. ¿Conoces a alguien que sea monolingüe?

   No, _____

4. ¿Nunca vas solo al cine?

   No, _____

5. ¿Quieres té o café?

   No _____

6 **Completar** Termina las frases de manera apropiada. Algunas requieren el subjuntivo y otras no.
(8 × 1.5 pts. each = 12 pts.)

1. Cuando llegue el verano, _____

2. Es verdad que la sociedad norteamericana _____

3. Les recomiendo a mis amigos que _____

4. Voy a hacer un esfuerzo para que _____

5. Por fin encontré a alguien que _____

6. Mis padres no creían que _____

7. Nuestros antepasados temían que nosotros _____

8. Te habríamos llamado si _____

Lectura
La vida de Gonzalo

Gonzalo Matilla Ramos es un inmigrante ecuatoriano de 37 años que vive en Madrid con su esposa y su hija. Él es ingeniero y trabaja en una empresa de construcción. A veces se queja porque extraña a la familia y los amigos que dejó en Ecuador. Sin embargo, le gusta mucho vivir en España porque la gente es muy amable con él y es un país que tiene una cultura muy interesante. El caso de Gonzalo es cada vez más común entre inmigrantes hispanos que eligen mudarse a otros países. Generalmente, se trata de personas jóvenes que trabajan en diferentes áreas profesionales y salen de su país para "conocer el mundo". Gonzalo nos habla de su nueva vida en España:

"Antes de venir a España, ya sabía un poco de la rica historia de este país. Además tengo unos amigos venezolanos que vivieron aquí por un par de años y me contaron cosas maravillosas. Yo conseguí este trabajo a través de un sitio de Internet y, aunque el proceso para sacar nuestras visas fue un poco largo, ¡valió la pena! Mi esposa estudió repostería (*confectionery*) y encontró trabajo en un restaurante que está muy cerca del Museo del Prado. Lo mejor de vivir en España es la felicidad de mi hija. Le gusta estudiar, va muy bien en la escuela, está contenta y tiene muchos amigos. Ella tiene todo el futuro por delante. Todo nuestro trabajo y esfuerzo valen la pena por ella. Aquí tiene muchas oportunidades."

7 **Comprensión** Contesta las preguntas con frases completas. (6 × 1.5 pts. each = 9 pts.)

1. ¿A qué se dedica Gonzalo?

   _____

2. ¿Por qué se queja a veces?

   _____

3. ¿Por qué le gusta vivir en España?

   _____

4. ¿Cómo son algunos de los hispanos que, como Gonzalo, se van a vivir a otros países?

   _____

5. ¿Dónde trabaja la esposa de Gonzalo?

   _____

6. ¿Cómo está la hija de Gonzalo en España?

   _____

8 **Tu opinión** Imagina que te has mudado por un tiempo a otro país. ¿Cómo se compara tu vida ahora con la vida que llevabas en el lugar donde creciste? (4 pts. for verb usage + 4 pts. for vocabulary and style = 8 pts.)

_____

_____

_____

_____

_____

_____

_____

9   **Composición** ¿Qué piensas sobre la idea de la "aldea global" (*global village*) donde no hay fronteras y la población incluye una diversidad de culturas y etnias? ¿Crees que este concepto ya es una realidad o, por el contrario, crees que las diferencias culturales son tan extremas que nunca será posible una convivencia total? (10 pts. for verb usage + 10 pts. for vocabulary and style = 20 pts.)

_____

_____

_____

_____

_____

_____

_____

_____

_____

_____

_____

_____

_____

_____

_____

_____

_____

_____

_____

_____

_____

_____

_____

_____

_____

_____

_____

_____

EXAMEN

Lecciones 1–5

1 **Aquí y ahora** Vas a escuchar una narración sobre Mario, quien trabaja para una radioemisora. Escucha con atención y, después, completa las oraciones. (8 × 1 pt. each = 8 pts.)

1. Mario es _____ en un programa de noticias.

2. _____ de siete y media a nueve de la mañana.

3. Mario vive a _____ .

4. No le importa madrugar porque _____ .

5. Lo que más le gusta de su trabajo es _____ y darle ánimo.

6. En los primeros minutos, él _____ .

7. Mario lleva más de siete años _____ por la mañana.

8. Si le ofrecen más dinero, él _____ de otra emisora.

2 **Por o para** Completa las siguientes oraciones con **por** o **para**. (6 × 1 pt. each = 6 pts.)

1. _____ ser tan joven, Juan es un hijo modelo.

2. _____ lo general, visita a sus abuelos cada semana.

3. Quiere ser arquitecto _____ su abuelo, quien es un arquitecto muy conocido.

4. _____ Juan, la brecha generacional no existe porque siente mucho respeto _____ sus abuelos.

5. Él nunca se olvida de darles las gracias _____ sus enseñanzas (*lessons*).

6. _____ demostrarles su cariño, Juan los llama casi todos los días.

3 **Personas y escenas** Mira las ilustraciones y escribe seis oraciones describiendo a las personas y los lugares donde están. Usa los verbos **ser** y **estar** y las palabras de la lista. (6 × 1 pt. each = 6 pts.)

Mariana   Profesor Ruiz   Beatriz

casado/a	inteligente	soltero/a
cuidadoso/a	orgulloso/a	tímido/a
enojado/a	popular	tranquilo/a

1. Mariana _____

2. El profesor Ruiz _____

3. Beatriz _____

4. Mariana y Beatriz _____

5. _____

6. _____

4 **¿Qué hacen?** Ahora imagina detalles de la vida de las personas de las ilustraciones anteriores y escribe cuatro oraciones utilizando cuatro verbos de la lista. Usa el presente. (4 × 1 pt. each = 4 pts.)

corregir	entender	parecer	soñar
dar	oír	salir	traer

1. _____

2. _____

3. _____

4. _____

5 **Pretérito e imperfecto** Completa el párrafo con la forma correcta del pretérito o el imperfecto de los verbos entre paréntesis. (8 × 0.75 pt. each = 6 pts.)

Anoche 1) _____ (haber) un incendio forestal en la región de El Pardo. Un vecino

2) _____ (llamar) a las autoridades aproximadamente a las diez de la noche, pero las

líneas de teléfono 3) _____ (estar) ocupadas (*busy*) en ese momento y los bomberos

no 4) _____ (recibir) el aviso (*notice*) hasta las diez y cuarto. 5) _____

(Ser) las diez y media cuando los bomberos finalmente 6) _____ (responder), y

7) _____ (conseguir) extinguir el fuego sin dificultad. Por la sequía y la erosión,

el estado del terreno 8) _____ (ser) muy seco.

6 **La cita a ciegas** Laura y Manuel acaban de conocerse, y él quiere saber sobre su rutina diaria. Completa la conversación con los verbos de la lista. (12 × 0.5 pt. each = 6 pts.)

acostarse	ducharse	maquillarse	ponerse
despertarse	irse	mudarse	relajarse
dormirse	levantarse	peinarse	vestirse

LAURA Por la mañana 1) _____ muy temprano. Luego voy al baño y

2) _____. Cuando salgo de la ducha, 3) _____. Cuando

era más joven 4) _____ mucho, pero ahora sólo uso un poco de brillo

(*gloss*) en los labios.

MANUEL A mí también me gusta 5) _____ temprano. ¿Y luego qué haces?

LAURA Luego, como tengo el pelo largo, 6) _____ durante diez minutos y

7) _____ un suéter. Salgo con prisa, pero luego el bus siempre llega tarde.

MANUEL Te entiendo. A mí me pasaba igual y por eso mi compañero de apartamento y yo

8) _____ el año pasado a un barrio con mejor transporte público.

LAURA Menos mal. Y tú, ¿a qué hora 9) _____ a la universidad?

MANUEL Bastante temprano, y cuando vuelvo a casa estoy muy cansado. Para

10) _____ escucho un poco de música. Luego 11) _____

en la cama. Sin embargo, anoche bebí café con la cena ¡y no 12) _____

hasta la una de la mañana!

7 **Gustar** Escribe cinco oraciones originales combinando elementos de las tres columnas. Usa el presente. (5 × 1 pt. each = 5 pts.)

Yo	disgustar	el campo
Tú	fascinar	relajarse
Los profesores	gustar	el efecto invernadero
Mis amigos y yo	interesar	el divorcio
Mi familia	preocupar	el tráfico
Mi novio/a	sorprender	los museos

1. _____

2. _____

3. _____

4. _____

5. _____

8 **Limpiar** Estás dirigiendo la limpieza de un parque y los voluntarios te piden opiniones. Contéstales con **sí** o **no** y un mandato, usando pronombres de objeto directo cuando sea necesario. Escribe al menos dos mandatos negativos. (5 × 1 pt. each = 5 pts.)

1. El señor y la señora Rojas: ¿Debemos reciclar estas botellas de plástico?

_____

2. El doctor Gutiérrez: ¿Tengo que recoger los desechos (*waste*) de los perros?

_____

3. Tus compañeros/as de cuarto: ¿Podemos quemar ésta basura?

_____

4. Tu profesor de física: ¿Debo apagar el incendio?

_____

5. Tu mejor amigo/a: ¿Puedo echar a los visitantes?

_____

9 **Fin de semana** Cuéntale a tu abuela lo divertido que fue tu fin de semana. Completa la carta usando formas regulares e irregulares del pretérito. Sé creativo/a. (6 × 1 pt. each = 6 pts.)

Hola abuelita: ¿Cómo estás? Perdóname por no escribirte el mes pasado, pero sabes que siempre estoy pensando en ti. El viernes pasado (1) _____.

Luego el sábado por la mañana, ya estábamos en el pueblo y de pronto mi compañera de cuarto (2) _____. Yo no lo podía creer. Lo malo fue que (3) _____. Más tarde, caminábamos por la plaza cuando (4) _____. Fue muy lindo porque recordé aquel día cuando tú (5) _____. ¡Qué ganas de estar allí contigo! Bueno, tengo que despedirme, porque ayer (6) _____. Saluda a todos de mi parte.

10 **Subjuntivo** Completa estas oraciones de manera lógica, usando el presente del subjuntivo cuando corresponda. No repitas los verbos. (6 × 1 pt. each = 6 pts.)

1. Es importante que una familia _____

2. Mi prima tiene un esposo que _____

3. Quiero que mis nietos _____

4. Los profesores insisten en que nosotros _____

5. No creo que este presidente _____

6. Es verdad que mi generación _____

11 **El futuro** Escribe seis oraciones sobre los planes que tienen tú y tus amigos para el próximo verano. Usa el tiempo futuro. (6 × 1 pt. each = 6 pts.)

1. _____

2. _____

3. _____

4. _____

5. _____

6. _____

12 **¿Qué harías?** Piensa en cómo sería tu vida si vivieras en otro lugar. Si vives en un pueblo pequeño, di qué harías en una ciudad. Y si vives en una ciudad, di qué harías en un pueblo pequeño. (4 pts. for grammar + 4 pts. for vocabulary and style = 8 pts.)

_____

_____

_____

_____

_____

_____

_____

_____

_____

_____

_____

_____

_____

Lectura
Un escritor famoso

Cristóbal es guionista. Él y su esposa se conocieron en la Universidad de Columbia y después de graduarse, se casaron. Por muchos años, Cristóbal trabajó de camarero en un restaurante mexicano y Ana ganó más dinero que él. A veces, Cristóbal se cansaba de escribir y tiraba los manuscritos a la basura. Sin embargo, Ana le daba ánimos para comenzar de nuevo y lo ayudaba a creer en sí mismo. Le decía: "Cariño, no desesperes. No es fácil que el éxito te llegue con el primer trabajo, pero estoy segura de que algún día llegará."

Por fin, el año pasado un productor importante seleccionó uno de sus guiones (*scripts*) de cine para producirlo. El guión, cuyo tema principal es la vida de un grupo de jóvenes en Los Ángeles, era el favorito de Ana. La compañía productora lo llamó y le pagó el viaje a Los Ángeles, donde debía entrevistarse con el productor y con quien sería el director de la película. Cristóbal y Ana estaban muy nerviosos porque sabían que era una gran oportunidad para su carrera. La entrevista fue en el restaurante del hotel. Cuando Cristóbal llegó, ya lo estaban esperando. Durante la comida tuvieron tiempo de hablar de muchas cosas, pero sobre todo hablaron del argumento y de los actores que podrían trabajar en la película. Al director le cayó muy bien Cristóbal y después de dos horas dijo que estaba muy contento por la flexibilidad y las soluciones que él había sugerido a lo largo de la reunión. Dos días más tarde, la productora llamó de nuevo a Cristóbal y le ofreció un contrato de tres años para trabajar en sus estudios en Los Ángeles. Ahora Cristóbal trabaja allí para ésa y otras productoras. Él y su esposa están muy felices.

---

13 **Comprensión** Contesta estas preguntas con oraciones completas. (6 × 1 pt. each = 6 pts.)

1. ¿Dónde trabajó Cristóbal por muchos años?

_____

2. ¿Qué le sucedía a veces?

_____

3. ¿Quién llamó a Cristóbal el año pasado?

_____

4. ¿De qué trata el guión seleccionado?

_____

5. ¿En qué consistió la reunión?

_____

6. ¿Qué le ofreció la compañía productora a Cristóbal después de dos días?

_____

14 **¿Cómo es Cristóbal?** Usa tu imaginación para escribir un resumen (*summary*) de la vida de Cristóbal ahora. Describe su vida en Los Ángeles y los proyectos en los que trabaja. (3 pts. for grammar + 4 pts. for vocabulary and style = 7 pts.)

_____

_____

_____

_____

_____

_____

15 **Composición** Escoge uno de estos temas y escribe una composición. (5 pts. for grammar + 5 pts. for vocabulary + 5 pts. for style = 15 pts.)

Tema 1: Escribe tus predicciones para el futuro. Describe cómo será la vida (las ciudades, los recursos naturales, las relaciones personales, etc.) dentro de veinte años.

Tema 2: Imagina que eres una persona muy famosa (un actor, una actriz, un(a) cantante, un(a) deportista, un(a) periodista, etc.). Describe cómo sería tu vida cotidiana y tus relaciones con amigos y familiares.

_____

_____

_____

_____

_____

_____

_____

_____

_____

_____

_____

_____

_____

_____

_____

_____

_____

_____

_____

_____

_____

_____

_____

_____

_____

_____

EXAMEN

Lecciones 6–10

1 **Un viaje a Barcelona** Escucha la historia del viaje de Eugenio y su novia Ana a España. Luego indica si lo que dicen las oraciones es **cierto** o **falso**. (8 × 1 pt. each = 8 pts.)

	Cierto	Falso
1. Eugenio tuvo que hacer un viaje de negocios a Madrid.	○	○
2. Ana, su novia, decidió acompañarlo porque no conoce España.	○	○
3. Ana estuvo en Girona, en casa de sus tíos, mientras Eugenio trabajaba.	○	○
4. Ana dijo que el mar Mediterráneo es el más bonito que ella había visto.	○	○
5. Ana y Eugenio piensan que la ciudad es poco interesante y fea.	○	○
6. En la Rambla puedes encontrar artistas ambulantes a cualquier hora.	○	○
7. Eugenio y Ana comieron en un restaurante típicamente gallego.	○	○
8. Antes de salir para el aeropuerto, enviaron los regalos que habían comprado a su familia.	○	○

2 **Emparejar** Empareja cada palabra de la columna A con la descripción correcta de la columna B. (8 × 1 pt. each = 8 pts.)

A	B
_____ 1. la natalidad	a. instrumento para observar el espacio
_____ 2. despedirse	b. algo que divierte; que no es aburrido
_____ 3. pacífico	c. máquina donde se puede sacar dinero sin necesidad de entrar al banco
_____ 4. el cajero automático	d. persona a quien no le gusta trabajar o estar activa
_____ 5. cobrar	e. en contra de la violencia y la guerra
_____ 6. perezosa	f. decir adiós
_____ 7. la informática	g. ciencia que estudia las computadoras
_____ 8. entretenido	h. recibir dinero
	i. número de personas que nacen
	j. introducir dinero en una cuenta bancaria

3 **¡Qué desastre!** Elena pasó un día desastroso porque tuvo muchos accidentes tontos. Completa su narración con los verbos entre paréntesis, incluyendo los pronombres de acción involuntaria e inesperada. (5 × 1 pt. each = 5 pts.)

Ayer por la mañana me levanté temprano y preparé el desayuno como todas las mañanas, pero
1) _____ (caerse) las tazas de café y 2) _____ (dañar) la ropa. Ésa
fue la señal de que iba a ser un día difícil. Después de cambiarme de ropa, salí para la oficina con mi
esposo, pero a él 3) _____ (olvidarse) que su coche estaba en el taller, así que tuvimos
que llamar un taxi y llegué tarde al trabajo. En el trabajo, mi jefe y yo teníamos que entregar un
informe a las doce, y cuando estábamos terminando de imprimirlo (*print*), 4) _____
(acabarse) el papel. Finalmente, volví a casa sobre las cinco, deseando que se terminara el día, pero no
pude entrar porque 5) _____ (perderse) las llaves. En fin, fue un día para olvidar.

4 **Que se diviertan** Completa la carta con el pretérito perfecto del indicativo o del subjuntivo.
(6 × 1 pt. each = 6 pts.)

Queridos tíos:

Espero que 1) _____ (recibir) las entradas para la final de la copa de fútbol que les

envié la semana pasada. Yo ya 2) _____ (ver) jugar a los dos equipos varias veces

y fueron partidos muy emocionantes. Pero no creo que hasta el momento 3) _____

(haber) un partido tan importante como el que van a ver ustedes la semana que viene. Estoy segura

de que las entradas ya 4) _____ (agotarse). Y, ¿cómo 5) _____ (estar)

ustedes desde el verano pasado? Ojalá que ustedes 6) _____ (recuperarse) de su

largo viaje.

Un abrazo muy fuerte de su sobrina,

Cecilia

5 **¿Qué pasó?** Reescribe cada una de estas oraciones, cambiando el presente del subjuntivo por el
imperfecto del subjuntivo. Sigue el modelo. (5 × 1 pt. each = 5 pts.)

> **modelo**
> Le digo a mi hermano que no se preocupe.
> *Le dije a mi hermano que no se preocupara.*

1. Marta le pide al camarero que le traiga un vaso de agua.
   _____

2. Te recomiendo que veas esta película nueva.
   _____

3. Los científicos no creen que sea buena idea mentir sobre sus descubrimientos.
   _____

4. El jefe insiste en que los empleados lleguen a tiempo.
   _____

5. Dudo que nuestro equipo gane el partido.
   _____

6 **Subjuntivo** Completa las oraciones de forma lógica con el presente del indicativo o del subjuntivo,
según corresponda. (5 × 1 pt. each = 5 pts.)

1. Las autoridades quieren aumentar los impuestos para que _____

2. Los ovnis invadirán la Tierra a menos que _____

3. Mis padres se divierten cuando _____

4. No renunciaré a mi trabajo hasta que _____

5. La población sigue aumentando a pesar de que _____

7 **Comparaciones** Luisa y José son novios, pero sus personalidades y sus gustos son muy diferentes, por eso pelean a menudo. Mira el dibujo e imagina la razón por la que están discutiendo. Escribe seis oraciones comparando sus personalidades y sus gustos. Usa las palabras de la lista. (5 × 1 pt. each = 5 pts.)

peor/mejor	más/menos	tan/tanto/(s)	-ísimo/a

_____

_____

_____

_____

_____

8 **De forma diferente** Teresa se fue de viaje, pero fue un fracaso. Primero, escribe lo que Teresa había hecho para preparar el viaje, usando el pluscuamperfecto del indicativo. Luego, escribe lo que su amiga Melisa habría hecho de forma diferente, utilizando el condicional perfecto.
(10 × 0.5 pts. each = 5 pts.)

> **modelo**
> Teresa / dejar / su cámara digital / en casa.
> Teresa *había dejado su cámara digital en casa.*
> Melisa *habría llevado su cámara digital.*

1. Teresa / no buscar / un hotel antes de salir de viaje
   Teresa _____
   Melisa _____

2. Teresa / decidir / ir a la playa durante el invierno
   Teresa _____
   Melisa _____

3. Teresa / invitar / a sus primos a acompañarla
   Teresa _____
   Melisa _____

4. Teresa / no comprar / boletos de regreso
   Teresa _____
   Melisa _____

5. Teresa / olvidar / decirle a sus padres a dónde iba
   Teresa _____
   Melisa _____

9   **Oraciones condicionales** Completa las oraciones de forma lógica. Fíjate bien en los tiempos verbales que usas en cada caso. (7 × 1 pt. each = 7 pts.)

1. Si pudiera hacer un viaje, _____.
2. Si algún día hay un pequeño terremoto en mi ciudad, _____.
3. Si mañana empezaran las vacaciones, _____.
4. Estaré muy feliz si _____.
5. Si no existiera Internet, _____.
6. Mi padre habría ganado el premio Nobel si _____.
7. Si yo no fuera tan sensible, _____.

10   **En diez años** Escribe oraciones para decir qué habrán logrado estas personas dentro de diez años. Utiliza el futuro perfecto. (6 × 1 pt. each = 6 pts.)

1. Yo _____.
2. Anne Hathaway _____.
3. Mis hermanos/as y yo _____.
4. Mis vecinos _____.
5. El/La profesor(a) de español _____.
6. Los jugadores de mi equipo favorito _____.

11   **Mi vida universitaria** Escribe una breve composición contando cómo ha sido tu vida desde que estás en la universidad. Guíate por estas preguntas y añade toda la información que quieras: ¿Cuántos años has estado estudiando en la universidad? ¿Dónde has vivido? ¿Has tenido algún trabajo? Menciona a las personas interesantes que has conocido y las cosas que ustedes han hecho. ¿Qué has aprendido de la vida? (8 pts. for grammar, vocabulary and style)

_____

_____

_____

_____

_____

_____

_____

_____

_____

_____

_____

_____

Lectura
Las nuevas conquistas

La historia de la civilización humana se compone principalmente de descubrimientos y conquistas. La mayoría de las civilizaciones antiguas se valoraban por sus conocimientos y por su capacidad de salir victoriosas de una guerra. Al principio, era sobre todo la fuerza física lo que importaba. Después, con el paso de los siglos, los conocimientos y la cultura de las civilizaciones se hicieron más y más importantes. Por eso, si los reinos (*kingdoms*) de España y Portugal no hubieran tenido unos conocimientos muy avanzados sobre el mar y la construcción de barcos (*ships*), probablemente Colón no habría llegado al continente americano.

Hoy en día la fuerza física ya no tiene ningún poder. Las grandes conquistas del mundo contemporáneo se producen de forma económica. Se podría decir que los grandes imperios ahora son los países desarrollados, que poco a poco van invadiendo con sus compañías multinacionales a los países más pobres o en vías de desarrollo. Un ejemplo claro y extraordinario es la multinacional Coca-Cola, una de las compañías internacionales más importantes y conocidas del mundo. Asimismo, otro aspecto que determina si un país es desarrollado o no es el avance tecnológico. Por eso, los países más poderosos son los que mayor desarrollo tecnológico tienen y los países más pobres o en vías de desarrollo son los que tienen una mayor falta de tecnología.

12 **Comprensión** Contesta las preguntas con oraciones completas. (6 × 1 pt. each = 6 pts.)

1. ¿De qué se compone la historia de la civilización humana?

_____

2. ¿Qué fue lo que, con el paso del tiempo, comenzó a ser más importante para conquistar un territorio?

_____

3. Según el artículo, ¿qué habría pasado si España y Portugal no hubieran tenido unos conocimientos muy avanzados sobre el mar?

_____

4. ¿Cómo se producen las grandes conquistas del mundo contemporáneo?

_____

5. ¿Cuál es el ejemplo de conquista en el mundo actual que ofrece esta lectura?

_____

6. ¿Cuál es otro aspecto que determina si un país es desarrollado o no?

_____

13 **Y tú, ¿qué opinas?** Reflexiona sobre las afirmaciones de la lectura. ¿Estás de acuerdo con lo que dice? Expresa tu opinión sobre uno de los aspectos mencionados en las preguntas 4, 5 y 6 de la actividad anterior. (3 pts. for grammar + 3 pts. for vocabulary and style = 6 pts.)

_____

_____

_____

_____

_____

_____

_____

14 **Composición** Escoge uno de estos temas de composición. (10 pts. for grammar + 10 pts. for vocabulary and style = 20 pts.)

Tema 1: ¿En qué crees y qué valoras en la vida? Escribe sobre tus creencias y valores, y compáralos con los de un(a) amigo/a que conozcas bien.

Tema 2: ¿Qué opinas sobre la gran influencia que tienen las tecnologías de la información en la vida cotidiana? ¿Cómo ha cambiado tu vida en los últimos diez años gracias a los avances de la tecnología y, en especial, de la informática? ¿Qué consecuencias sociales han tenido estos avances?

_____

_____

_____

_____

_____

_____

_____

_____

_____

_____

_____

_____

_____

_____

_____

_____

_____

_____

_____

_____

_____

_____

_____

_____

_____

_____

EXAMEN # Lecciones 1–3

1 **Pareja con problemas** Vas a escuchar un segmento de un programa de radio y a continuación ocho preguntas. Escucha con atención y, después, responde a las preguntas con oraciones completas. (8 × 1 pt. each = 8 pts.)

1. Están separados por _____

2. Es _____ para un _____

3. No puede viajar hasta _____

4. Dice que está _____ y que no tiene _____

5. Le encanta _____ y le aburre _____

6. La doctora piensa que el marido está _____

7. Dice que a veces es bueno que las parejas _____

8. Le dice que _____ conocer _____

2 **Vocabulario** Completa el párrafo con las palabras de la lista. (7 × 1 pt. each = 7 pts.)

disgustado/a	pareja	soltero/a
inseguro/a	seguro/a	tempestuoso/a
matrimonio	sensible	tímido/a

Susana y Carlos son una 1) _____ joven. Para su edad, Susana es una mujer muy

madura y 2) _____ de sí misma (*of herself*). Sin embargo, no controla bien las emociones

y hasta puede decirse que es 3) _____. A Carlos, por el contrario, no le gusta expresarse

y es bastante 4) _____. Es un chico 5) _____ con poca autoestima y a

veces miente para sentirse importante. Es también un chico muy 6) _____ y por eso se

siente triste y 7) _____ cuando Susana se enoja con él.

3 **¿Qué hacen?** Ahora imagina detalles de las vidas de algunas de estas personas y escribe oraciones utilizando los verbos de la lista. Usa el presente. (6 × 1 pt. each = 6 pts.)

- Amy Adams
- Michael Phelps
- America Ferrera
- Miley Cyrus
- Tom Hanks
- Demi Moore

grabar	pedir	poder	seguir
jugar	pensar	saber	tener

1. _____
2. _____
3. _____
4. _____
5. _____
6. _____

4 **Gustar** Escribe cinco oraciones originales combinando elementos de las tres columnas. Usa el presente y pronombres de objeto indirecto. (5 × 1 pt. each = 5 pts.)

yo	aburrir	la amistad
tú	encantar	enamorarse
los jóvenes	importar	las ciudades grandes
mis amigos/as y yo	gustar	el centro comercial
mi familia	hacer falta	los diarios sensacionalistas
mi novio/a	molestar	la vida nocturna

1. _____
2. _____
3. _____
4. _____
5. _____

5 **La madre de Miguel** Completa este diálogo con las formas adecuadas de **ser** o **estar**. (8 × 1 pt. each = 8 pts.)

SARA ¡Tú 1) _____ muy elegante hoy!

CLAUDIA Gracias. Voy a salir a cenar con mi novio.

SARA ¡Qué bien! Y, ¿adónde van?

CLAUDIA Queremos ir al restaurante Magia. 2) _____ nuevo. ¿Sabes? Hoy por fin hablé con Miguel. Su madre vino de España la semana pasada y 3) _____ con él.

SARA Su madre 4) _____ de Madrid, ¿verdad?

CLAUDIA No, de Sevilla. Pobrecita, ahora ella 5) _____ aburrida porque no conoce a nadie.

SARA Claro, Miguel 6) _____ demasiado ocupado con su trabajo. Oye, ¿por qué no la invitamos a ir de compras con nosotras?

CLAUDIA ¡Qué buena idea! Y ¡qué amable 7) _____ (tú)!

SARA ¡Ay! Ya 8) _____ las cinco y media. Me tengo que ir.

6 **Un famoso redactor** Completa el párrafo con el pretérito o el imperfecto de los verbos entre paréntesis. (8 × 1 pt. each = 8 pts.)

El sábado pasado en nuestro programa "Actualidad" (nosotros) 1) _____ (tener) como invitado a José Ramón García, el famoso redactor de la sección deportiva. Sin embargo, él 2) _____ (venir) al programa para hablar de su primer trabajo en una radioemisora. José Ramón nos 3) _____ (contar) que cuando él y su hermano 4) _____ (ser) adolescentes, 5) _____ (discutir) a menudo con sus padres. Un día, José Ramón 6) _____ (decidir) irse y buscar trabajo. Él 7) _____ (ser) un chico con mucho talento y 8) _____ (poder) encontrar trabajo muy rápidamente.

7 **Confundido** Tu compañero de apartamento va a dar una fiesta, pero no recuerda los detalles. Responde a sus preguntas usando la información entre paréntesis y pronombres de objeto directo. (5 × 1 pt. each = 5 pts.)

1. ¿Cuándo vamos a comprar la bebida? (mañana)

_____

2. ¿Quién nos prepara el pastel? (la pastelería de la Plaza Mayor)

_____

3. ¿Ya enviamos todas las invitaciones? (sí)

_____

4. ¿Quién trae los discos de música latina? (Sara)

_____

5. ¿Vas a limpiar la sala? (sí)

_____

8 **Objetos directos e indirectos** Reescribe las oraciones, sustituyendo las palabras subrayadas con pronombres. (6 × 1 pt. each = 6 pts.)

1. Mis padres me regalaron el diccionario.

_____

2. Le preparas una cena romántica a tu mejor amigo.

_____

3. Nos dijo que nunca lee los periódicos.

_____

4. La novia de Pablo quiere cantarle sus canciones favoritas.

_____

5. A mí me van a publicar el libro.

_____

6. Debo llevar a José al concierto de la universidad.

_____

9 **Reacciones** Lee cada situación y escribe un mandato apropiado. Usa mandatos afirmativos y negativos. (4 × 1 pt. each = 4 pts.)

1. Una directora está enojada con dos actores que siempre llegan tarde a los ensayos.

_____

2. Un chico coquetea con una chica... ¡delante de su novia!

_____

3. Un turista te pide indicaciones para llegar al museo.

_____

4. Le dices a tu hermana que ustedes deben acompañar a sus padres al médico.

_____

10 **Los medios locales** Tu mejor amigo/a tiene que escribir una composición sobre los medios de comunicación locales. Escríbele un correo electrónico para recomendarle qué ver o escuchar y qué leer. Usa el presente del subjuntivo y mandatos. (3 pts. for grammar + 3 pts. for style = 6 pts.)

_____

_____

_____

_____

_____

11 **El fin de semana** ¿Qué hiciste el fin de semana pasado? Escribe una breve composición usando formas regulares e irregulares del pretérito. (2 pts. for grammar + 2 pts. for vocabulary + 2 pts. for style = 6 pts.)

_____

_____

_____

_____

_____

_____

_____

_____

12 **De niño/a** ¿Qué hacías cuando eras niño/a? Escribe una breve composición usando formas regulares e irregulares del imperfecto. (2 pts. for grammar + 2 pts. for vocabulary + 2 pts. for style = 6 pts.)

_____

_____

_____

_____

_____

_____

_____

_____

_____

_____

Lectura
Viviana y los medios de comunicación

Viviana es periodista y siempre ha trabajado en los medios de comunicación. En 2006, ella se graduó de la facultad de periodismo y comenzó a trabajar para una radioemisora. Allí escribía pequeños guiones publicitarios. El programa se transmitía los jueves por la mañana y la gente con quien trabajaba era muy simpática. Al mismo tiempo que trabajaba en la radio tuvo la oportunidad de hacer un cortometraje con Javier, un amigo de la facultad. El cortometraje se titulaba *Hay que hacer cosas para que pasen cosas*, y ganaron un premio. Este proyecto le gustó mucho a Viviana porque conoció a varios actores e incluso grabó una escena corta con Miguel Ángel, su novio actual. De la radio, Viviana pasó a trabajar a un canal de televisión. Ahora se encarga de buscar información para el noticiero de la mañana que se transmite en vivo y trabaja directamente con el locutor. Ella está muy contenta de haber estudiado periodismo y les aconseja a sus amigos que siempre intenten seguir sus sueños. Ahora ella y Miguel Ángel están escribiendo un guión para una película y piensan presentarse a un festival de jóvenes guionistas.

13 **Comprensión** Contesta las preguntas con oraciones completas. (6 × 1 pt. each = 6 pts.)

1. ¿Qué profesión tiene Viviana?

   _____

2. ¿Dónde comenzó a trabajar después de graduarse?

   _____

3. ¿Qué hacía allí?

   _____

4. ¿Qué hizo a la vez que trabajaba en la radio?

   _____

5. ¿Dónde trabaja Viviana ahora?

   _____

6. ¿Qué otro proyecto tienen Viviana y su novio ahora?

   _____

14 **El éxito** ¿Qué crees que significa el título del cortometraje de Viviana, *Hay que hacer cosas para que pasen cosas*? ¿Cómo se puede aplicar este título a la vida personal de ella? Usando mandatos, da cuatro consejos a tus amigos/as para que consigan el éxito que tuvo Viviana. (4 × 1 pt. each = 4 pts.)

1. _____

   _____

2. _____

   _____

3. _____

   _____

4. _____

   _____

15 **Composición** Escoge uno de estos tres temas de composición. (5 pts. for grammar + 5 pts. for vocabulary + 5 pts. for style = 15 pts.)

Tema 1: Explica si prefieres la vida del campo o de la ciudad. Di qué aspectos te gustan y no te gustan de cada una. Al final, escribe dos consejos para alguien que tiene que decidir entre vivir en el campo o en la ciudad.

Tema 2: Tu mejor amigo/a se muda a una ciudad donde no conoce a nadie. Escríbele un correo electrónico dándole recomendaciones para conocer gente nueva y hacer amigos. Escribe también sobre tu propia experiencia haciendo nuevos amigos.

Tema 3: Indica qué medios de comunicación eliges para informarte y cuáles eliges como entretenimiento. ¿Cómo han cambiado tus gustos en los últimos diez años?

_____

_____

_____

_____

_____

_____

_____

_____

_____

_____

_____

_____

_____

_____

_____

_____

_____

_____

_____

_____

_____

_____

_____

_____

_____

_____

1 El nuevo político Vas a escuchar una narración sobre Alberto, un ciudadano preocupado por su comunidad. Después, empareja cada opción de la columna A con una de la columna B. (8 × 1 pt. each = 8 pts.)

A

_____ 1. Alberto Méndez es un abogado...
_____ 2. La ciudad necesita un alcalde...
_____ 3. La situación económica y social de sus vecinos...
_____ 4. Más de tres mil personas...
_____ 5. Para Alberto, es muy importante...
_____ 6. A Alberto también le preocupa...
_____ 7. Alberto quiere aumentar las becas...
_____ 8. Alberto va a contratar...

B

a. mejorar la educación y la seguridad ciudadana.
b. que se preocupe más por los problemas sociales.
c. acabar con la corrupción de algunos políticos.
d. a mil doscientos policías para mejorar la seguridad.
e. que quiere presentarse como candidato para ser alcalde.
f. escucharon su discurso ayer.
g. era peor de lo que imaginaba.
h. para las familias con pocos recursos.

2 Vocabulario Completa las palabras o frases de la columna A con la opción más lógica de la columna B. (7 × 1 pt. each = 7 pts.)

A

_____ 1. perder
_____ 2. juzgar a
_____ 3. malgastar
_____ 4. el prejuicio
_____ 5. la destrucción de
_____ 6. fuente de energía
_____ 7. la brecha

B

a. renovable
b. las elecciones
c. un acusado
d. generacional
e. los recursos
f. social
g. la capa de ozono

3 Contexto Escoge la palabra más adecuada para cada oración. (7 × 1 pt. each = 7 pts.)

agradecer   desigualdad   ladrona
chantajear   exigente   porvenir
cuñado/a   insoportable

1. Miguel encontró un trabajo para mí en su empresa. Tengo que darle las gracias sin falta (*without fail*). _____
2. Miguel es el esposo de mi hermana. _____
3. Este nuevo empleo es más difícil de lo que yo imaginaba. Mi jefe no admite errores. _____
4. Tengo un compañero que tiene un carácter muy difícil y nadie quiere relacionarse con él. _____
5. Todos los trabajadores no son tratados de forma justa. _____
6. Un día vi a una empleada robando dinero en la empresa. _____
7. Me amenazó con decir mi secreto a todo el mundo si yo la acusaba. _____

4 **¿Por o para?** Elige la opción apropiada para cada oración. (6 × 1 pt. each = 6 pts.)

1. Amnistía trabaja _____ proteger los derechos humanos.
   a. para   b. por   c. por siempre
2. _____ ser tan joven, Manuel es muy mandón.
   a. Para   b. Por   c. Por lo tanto
3. Debemos luchar _____ el medio ambiente.
   a. por ejemplo   b. para   c. por
4. El candidato se comunica con los ciudadanos _____ correo electrónico.
   a. para colmo   b. por   c. para
5. _____, el presidente prometió una cosa e hizo otra.
   a. Para   b. Por   c. Por supuesto
6. Pienso terminar el proyecto _____ el 20 de agosto.
   a. por fin   b. por   c. para

5 **El verano que viene** Completa las oraciones con la forma adecuada del futuro.
(7 × 1 pt. each = 7 pts.)

El verano que viene yo 1) _____ (volver) a Costa Rica para practicar mi español.

Mi familia me 2) _____ (visitar) y todos nosotros 3) _____ (irse)

de vacaciones a la playa. Mi novia 4) _____ (venir) a visitarme en agosto. Yo

5) _____ (tener) tiempo para explicarle muchas cosas y le 6) _____

(decir) que quiero casarme con ella. Ella 7) _____ (ponerse) muy contenta.

6 **Pronombres relativos** Lee las oraciones y complétalas con la opción correcta.
(5 × 1 pt. each = 5 pts.)

1. Juan Carlos, _____ te presenté ayer, me invitó a su fiesta.
   a. que   b. a quien   c. cuyo
2. El candidato por _____ voté no ganó.
   a. quien   b. que   c. a quienes
3. La amiga con _____ estudio no puede venir hoy.
   a. quienes   b. cuyo   c. la cual
4. ¿Éste es el niño _____ me viste ayer?
   a. que   b. el cual   c. con quien
5. Éstos son los libros _____ me regalaron.
   a. que   b. la cual   c. cuyos

7 **Comparaciones** Escribe comparaciones a partir de estas oraciones. (5 × 1 pt. each = 5 pts.)

> **modelo**
> Linda come poco. Pablo come mucho.
> *Linda come menos que Pablo.*

1. Javier recicla mucho. Alberto recicla mucho también.

   _____

2. Pepe tiene 42 años. Su abogado tiene 37 años.

   _____

3. En África hay muchos animales en peligro de extinción. En Asia también hay muchos animales en peligro de extinción.

   _____

4. Yo me parezco mucho a mi madre. Mi hermana se parece poco a mi madre.

   _____

5. El candidato republicano habla bien. El candidato demócrata habla muy bien.

   _____

8 **Oraciones** Completa las oraciones con la forma correcta del pretérito imperfecto del subjuntivo o del indicativo. (5 × 1 pt. each = 5 pts.)

1. Era una lástima que la madrastra no _____ (ser) más educada.

2. Yo pensé que los hermanos gemelos nunca _____ (vestirse) igual.

3. Nuestros vecinos nos pidieron que _____ (regañar) a nuestros hijos por jugar en su jardín.

4. Era evidente que tú _____ (estudiar) mucho para tus exámenes.

5. Mis padres me aconsejaron que _____ (hacer) siempre lo mejor para mi carrera.

9 **Oraciones** Completa las oraciones de forma lógica, usando el indicativo o subjuntivo según corresponda. (6 × 1 pt. each = 6 pts.)

1. Los ciudadanos quieren un gobierno que _____.

2. Busco una comunidad donde _____.

3. ¿Conocen algunas organizaciones que _____?

4. Carla tiene dos compañeras que siempre _____.

5. Los animales necesitan un zoológico que _____.

6. Conocemos a unos políticos que _____.

Un mundo mejor Completa las oraciones sobre el medio ambiente de manera lógica, utilizando el indicativo o subjuntivo según corresponda. (6 × 1 pt. each = 6 pts.)

1. El medio ambiente mejoró después que _____

2. No vamos a resolver los problemas a menos que _____

3. Necesitamos conservar los recursos naturales antes de que _____

4. Debemos reciclar para que _____

5. El mundo será mejor en el futuro con tal de que _____

6. Nosotros pudimos participar en el proyecto "Menos carros, más bicicletas" tan pronto como
_____
_____

 Reflexivos Escribe seis oraciones comparando tus hábitos con los de tus padres o amigos. Usa un verbo reflexivo y un comparativo en cada oración. Puedes usar los de la lista y otros.
(6 × 1 pt. each = 6 pts.)

acordarse	despertarse	fijarse
bañarse	preocuparse	levantarse
más/menos… que	tan/tanto… como	mejor/peor… que

modelo

Mi hermano se acuesta más tarde que yo.

1. _____
2. _____
3. _____
4. _____
5. _____
6. _____

¿Qué harías tú? Si fueras presidente del país, ¿qué harías para mejorar el bienestar de la población y cuidar el medio ambiente? Escribe un párrafo utilizando seis verbos en condicional. Puedes usar los verbos de la lista y otros. (6 × 1 pt. each = 6 pts.)

decirles a los ciudadanos	luchar contra los abusos
defender	proteger la capa de ozono
gobernar	reciclar

_____
_____
_____
_____
_____
_____

Lectura
Una noticia en televisión

Queridos amigos, estamos seguros ya de que pasado mañana, martes, hacia las diez y media de la noche llegará a nuestra área el huracán Gabriel. Los vientos soplarán (*blow*) a más de 240 kilómetros por hora y las fuertes lluvias causarán inundaciones. Seguramente habrá cortes de electricidad y será difícil circular por la ciudad. Podría ser el huracán más peligroso de los últimos 23 años. Como saben, todo estará cerrado y todas las zonas se encuentran ahora en estado de máxima alerta. Si no pueden evacuar la zona donde viven, las autoridades recomiendan que compren alimentos, agua y linternas (*flashlights*) para por lo menos cuatro días. Si necesitan evacuar la ciudad, sugerimos que lo hagan lo antes posible, ya que en las carreteras habrá mucho tráfico. Aquí está hoy con nosotros Rubén Fajardo, el jefe del departamento de bomberos de la región Sur:

—Buenas tardes. En primer lugar es muy importante que conserven la calma. Aunque es posible que el huracán pierda fuerza antes de llegar a nuestra región, se predice que los daños (*damage*) a los edificios serán muy serios. Yo no saldría de la ciudad después de las seis de la tarde. Si es demasiado tarde para evacuar, les recomiendo que vayan a uno de los refugios que hay en su comunidad para estas emergencias. Las autoridades están haciendo todo lo posible para que no haya demasiados problemas y yo creo que el huracán no va a ser tan fuerte como se espera. De todas formas, es bueno prevenir. Recuerden que para cualquier información, existen varios números de teléfono a los que pueden llamar.

13 **Comprensión** Contesta las preguntas con oraciones completas. (6 × 1 pt. each = 6 pts.)

1. ¿Cuándo llegará el huracán Gabriel al área?

   _____

2. ¿Cuáles serán los posibles efectos del huracán?

   _____

3. ¿Qué recomiendan las autoridades?

   _____

4. ¿Qué dice el jefe del departamento de bomberos que haría él personalmente?

   _____

5. ¿Qué les aconseja a los ciudadanos si es demasiado tarde para evacuar?

   _____

6. Si alguien tiene alguna pregunta, ¿qué puede hacer?

   _____

14 **¿Qué harías?** La semana que viene un huracán llega a tu ciudad. ¿Qué harías? Usa el futuro y el condicional. (2 pts. for grammar + 3 pts. for vocabulary and style = 5 pts.)

_____

_____

_____

_____

_____

_____

_____

15 **Composición** Escoge uno de estos tres temas de composición. (5 pts. for grammar + 5 pts. for vocabulary and 5 pts. for style = 15 pts.)

Tema 1: Escribe tus predicciones para el futuro. Describe cómo será la vida (las ciudades, la tecnología, las relaciones personales, etc.) y el estado del medio ambiente dentro de 20 años.

Tema 2: ¿Cómo es tu familia? ¿Cómo son tus relaciones con tus parientes y amigos? Escribe una composición contestando estas preguntas y dándoles consejos a tus amigos para tener buenas relaciones y resolver problemas comunes. Básate en tu experiencia o usa la imaginación.

Tema 3: ¿En qué crees y qué valoras en la vida? Escribe sobre tus creencias y valores, y compáralos con los de un(a) buen(a) amigo/a.

_____

_____

_____

_____

_____

_____

_____

_____

_____

_____

_____

_____

_____

_____

_____

_____

_____

_____

_____

_____

_____

_____

EXAMEN   Lecciones 7–10

1 **El idioma español** Vas a oír una narración sobre la importancia del español. Escucha con atención y, después, completa las oraciones. (8 × 1 pt. each = 8 pts.)

1. El tema general de la narración es la importancia creciente del español
   en _____ norteamericanos.

2. Según el artículo, el futuro de las comunicaciones _____.

3. Bill Gates y Carlos Slim anunciaron la creación del _____.

4. El _____ planea ofrecer clases de español a sus agentes.

5. Algunos _____, como *The New York Times*, _____.

6. En los últimos dos años, el español _____.

7. Los canales de televisión Univisión y Telemundo _____ en el último año.

8. Cada vez, más políticos estadounidenses _____.

2 **Vocabulario** Completa las oraciones con palabras de la lista. (7 × 1 pt. each = 7 pts.)

aburrido/a	genética	herencia	revolucionario/a
animado/a	gravedad	informática	sueldo

1. La fiesta estuvo muy _____. La gente no paró de bailar en toda la noche.

2. Si la Tierra no tuviera _____, flotaríamos como los astronautas en el espacio.

3. Yolanda quiere ahorrar mucho dinero, por eso busca un puesto donde gane un buen
   _____.

4. Luis me dijo que esa obra de teatro era muy _____ y que no valía la pena.

5. Conservar la _____ cultural es muy importante para todas las personas, pero
   sobre todo para los emigrantes que viven lejos de su lugar de origen.

6. El teléfono móvil ha sido un invento _____.

7. Si quieres saber todo sobre computadoras, debes estudiar _____.

3 **Futuro y condicional perfectos** Completa las oraciones con el futuro perfecto o el condicional perfecto de los verbos entre paréntesis, según corresponda. (6 × 1 pt. each = 6 pts.)

1. Pablo _____ (comprar) una casa en lugar de alquilar, pero no tenía
   suficiente dinero.

2. Yo _____ (desear) ser médico como mi padre, pero después de pensarlo mucho
   me decidí por una carrera en química.

3. Para cuando se anuncien las películas nominadas al Óscar, María ya las _____
   (ver) todas. Es muy aficionada al cine.

4. Los empleados _____ (preferir) tener un mes de vacaciones, pero el jefe insistió en
   que fueran sólo dos semanas.

5. Cuando llegue a casa esta noche, el partido de fútbol ya _____ (empezar).

6. Para el año 2020, yo ya _____ (tener) un hijo.

Lecciones 7–10 Examen   **95**

4 **El primer día de Marta** Hoy es el primer día de trabajo de Marta y tiene una reunión con su jefe. Completa el diálogo utilizando el subjuntivo o el indicativo, según corresponda. (6 × 1 pt. each = 6 pts.)

MARTA Hola, buenos días, soy la nueva secretaria y busco la oficina del señor Hernández que 1) _____ (estar) en este piso. ¿Podría decirme qué puerta es exactamente?

SR. GARO Sí, claro. Es la tercera puerta a la derecha. Él la está esperando, señorita. En cuanto 2) _____ (ver) la puerta, puede abrirla y entrar. Pero le aconsejo que le 3) _____ (decir) la razón por la que ha llegado tarde.

MARTA Muchas gracias.

(*Marta entra a la oficina del señor Hernández.*)

MARTA Hola, señor Hernández. Siento llegar tarde, pero es que me perdí. Cuando 4) _____ (darse) cuenta del error, ya era demasiado tarde para llegar a tiempo.

JEFE Muy bien. Espero que usted 5) _____ (llegar) a tiempo ahora que sabe exactamente dónde estamos. Pero siéntese. Tengo que explicarle cuáles son sus obligaciones. Bueno, es necesario que 6) _____ (contestar) el teléfono y...

5 **La voz pasiva** Escribe oraciones en voz pasiva a partir de estos elementos. (6 × 1 pt. each = 6 pts.)

1. la actriz principal / descubrir / el director

   _____

2. la lámpara eléctrica / inventar / Edison

   _____

3. estas obras / crear / Pablo Picasso

   _____

4. la película *Munich* / dirigir / Steven Spielberg

   _____

5. la novela *Cien años de soledad* / escribir / Gabriel García Márquez

   _____

6. los resultados / anunciar / el jefe del equipo

   _____

6 **Contratiempos (*Mishaps*)** Combina elementos de las dos listas para describir los contratiempos que les ocurrieron a ti y a personas que tú conoces. Usa tu imaginación y no olvides usar **se** y los pronombres de objeto indirecto. (5 × 1 pt. each = 5 pts.)

acabar	perder	la computadora	las gafas
caer	quedar	el cumpleaños	las llaves
olvidar	romper	el dinero	el pasaporte

1. _____

2. _____

3. _____

4. _____

5. _____

7 **Pluscuamperfecto** Completa estas oraciones para decir qué no había ocurrido todavía y qué había ocurrido ya en los momentos que se indican. (6 × 1 pt. each = 6 pts.)

1. Cuando cumplí 18 años, yo _____

2. Antes de entrar en la escuela secundaria, mi mejor amiga _____

3. Antes de que yo naciera, mis padres _____

4. Antes de que el hombre llegara a la luna, mucha gente _____

5. Cuando llegué al cine, _____

6. Cuando empecé a estudiar español, yo _____

8 **Infinitivo** Escribe seis oraciones usando los verbos de la lista. Utiliza el infinitivo. (6 × 1 pt. each = 6 pts.)

acabar de	enseñar a	tener que
aprender a	quedar en	tratar de
deber	querer	

1. _____

2. _____

3. _____

4. _____

5. _____

6. _____

9 **Palabras afirmativas y negativas** Escribe cinco oraciones con estas palabras y expresiones. (5 × 1 pt. each = 5 pts.)

algo	ninguno/a, ningún	ni siquiera
alguien	ni... ni	tampoco
jamás		

1. _____

2. _____

3. _____

4. _____

5. _____

Lecciones 7–10 Examen **97**

10   **El puesto** Escribe un párrafo describiendo el proceso para conseguir un puesto de trabajo. Usa el vocabulario de las lecciones 7 a 10, y el **se** impersonal. (6 pts. for grammar, vocabulary, and style)

_____

_____

_____

_____

_____

_____

_____

11   **Oraciones condicionales** Imagina estas situaciones y completa las oraciones condicionales, utilizando el tiempo verbal adecuado según cada contexto. (6 × 1.5 pts. each = 9 pts.)

1. Si esta semana yo hubiera conocido a la mujer de mi vida,...

_____

2. Mis padres me habrían regalado un carro si...

_____

3. Si mi padre fuera el director de una empresa muy conocida,...

_____

4. Si algún día tengo suficiente dinero,...

_____

5. Me habría quedado en casa el sábado pasado si...

_____

6. El director de cine no despedirá a los actores si...

_____

12   **Lo dudo** Escribe oraciones a partir de estos elementos indicando si crees o no que estas situaciones han ocurrido de verdad. Usa las expresiones de la lista y el pretérito perfecto del indicativo o del subjuntivo, según corresponda. (4 × 1 pt. each = 4 pts.)

(no) creo que   (no) dudo que   (no) es verdad que

1. el desempleo: aumentar últimamente

_____

_____

2. los documentales: ser un éxito este año

_____

_____

3. mi profesor(a) de español: empezar a estudiar japonés

_____

_____

4. yo: ya alcanzar mis metas

_____

_____

Lectura
Los robots pueden ser tus amigos

De niño, yo siempre había querido tener un perro como mascota (*pet*) y hasta el momento las circunstancias de la vida siempre me lo habían negado. Cuando leí el año pasado que se habían inventado unos robots con forma de animales, le sugerí a mi novia que compráramos uno. Ella me miró como si viniera de otro planeta: "Pero Vicente, cariño, los robots no tienen alma". Y ése fue el final de la conversación. Es verdad que los robots no tienen alma, pero un estudio reciente dice que estos animales-robot presentan algunas de las cualidades de los animales reales. El estudio fue realizado por la Universidad de Missouri y asegura que las personas que juegan con un perro robot durante unos minutos disminuyen su nivel de estrés tan rápido como si jugaran con un perro de verdad. Otro resultado curioso es que el 70% de los niños de 7 a 15 años que participaron en el estudio consideran que un robot puede ser un buen compañero.

Este estudio apoya mi teoría de que los animales-robot tienen todas las ventajas y ninguno de los problemas de las mascotas reales. No hay que sacarlos a pasear, no causan daños en la casa, no molestan con sus ruidos por la noche y puedes desconectarlos cuando te vas de viaje. Ahora que ya no tengo novia, creo que por fin voy a poder tener una mascota-robot.

13 **Comprensión** Contesta las preguntas con oraciones completas. (6 × 1 pt. each = 6 pts.)

1. ¿Qué había querido tener Vicente desde niño?

2. ¿Qué le sugirió Vicente a su novia después de leer sobre el invento de los animales-robot?

3. ¿Cómo reaccionó la novia?

4. ¿Qué dicen los resultados del estudio que se menciona en la lectura?

5. ¿Cuál es la teoría de Vicente con respecto a los robots?

6. Según el autor, ¿cuáles son algunas de las ventajas de los robots en comparación con los animales de verdad?

14 **Y tú, ¿qué piensas?** ¿Qué opinas sobre el estudio que se menciona en la lectura y sus conclusiones? ¿Crees que los robots son buenos sustitutos de los animales de verdad? ¿Te gustaría tener un robot como mascota? (2 pts. for grammar + 3 pts. for vocabulary and style = 5 pts.)

15 Composición Escoge uno de estos temas de composición. (7 pts. for grammar + 8 pts. for vocabulary and style = 15 pts.)

Tema 1: ¿Cuál ha sido tu experiencia en el mundo laboral hasta ahora? ¿Qué metas esperas alcanzar en tu futura carrera? ¿Cómo planeas conseguir tus metas profesionales?

Tema 2: Piensa en la gran variedad de formas que los humanos tenemos para escapar de la rutina y divertirnos. En tu opinión, ¿por qué sentimos necesidad de "escapar" de nuestra realidad cotidiana? ¿Cuál es tu forma preferida de escape y diversión?

_____
_____
_____
_____
_____
_____
_____
_____
_____
_____
_____
_____
_____
_____
_____
_____
_____
_____
_____
_____
_____
_____
_____
_____
_____
_____
_____

OPTIONAL TESTING SECTIONS   Lección 1

CORTOMETRAJE

Imagina que al final de *No me ama* el protagonista le dice a su novia que quiere romper con ella. ¿Cómo crees que reaccionaría ella? Escribe un diálogo que refleje el momento de la ruptura (*breakup*) entre ambos personajes.

_____

_____

_____

_____

_____

_____

_____

_____

_____

_____

_____

IMAGINA/SUEÑA
ESTADOS UNIDOS

¿En qué situaciones o contextos de la vida cotidiana se puede percibir la creciente influencia del español en los Estados Unidos? Menciona al menos tres ejemplos de la lectura.

_____

_____

_____

_____

_____

GALERÍA DE CREADORES

Indica a qué área profesional pertenece cada persona. Hay una respuesta que no se usa.

_____ 1. Narciso Rodríguez   a. cine

_____ 2. Julia Álvarez   b. gastronomía

_____ 3. Carmen Lomas Garza   c. literatura

_____ 4. Robert Rodríguez   d. pintura

                                                e. diseño y moda

Elige dos de estos creadores y describe lo que has aprendido en esta lección sobre cada uno de ellos.

1. _____

_____

2. _____

CORTOMETRAJE

Escribe un diálogo entre los dos personajes principales de *Adiós mamá* para asegurar un final diferente.

_____
_____
_____
_____
_____
_____
_____
_____

IMAGINA/SUEÑA

MÉXICO

Elige uno de los lugares de la lista y descríbelo.

| Bosque de Chapultepec | El Metro | Paseo de la Reforma | Tianguis |

_____
_____
_____
_____
_____
_____
_____
_____

GALERÍA DE CREADORES

Elige uno de los cuatro creadores y completa su ficha de identificación: **Gael García Bernal, Frida Kahlo, Elena Poniatowska, Diego Rivera.** Bajo "Su obra" menciona características particulares de su obra, su importancia o ejemplos/títulos. Bajo "Otros datos de interés" incluye información relevante, por ejemplo, el marco histórico en el que vivió o hechos de su vida. En "Comentario personal" da tu opinión sobre el artista y su obra.

1. Nombre: _____   2. Profesión: _____

3. Su obra: _____

4. Otros datos de interés: _____

5. Comentario personal: _____

_____

Lección 3

CORTOMETRAJE

Estos fotogramas muestran dos escenas importantes del cortometraje *Encrucijada*. Escribe un breve párrafo de al menos seis líneas describiendo lo que ocurre en estas escenas.

_____

_____

_____

_____

_____

_____

IMAGINA/SUEÑA
EL CARIBE

Contesta estas preguntas.

1. ¿Por qué los colonizadores españoles tuvieron que construir fuertes (*forts*) en el mar Caribe?

_____

2. ¿Cuáles son las tres ciudades-fortaleza de esta época en el Caribe mencionadas en el artículo?

_____

3. ¿Qué es La Bodeguita del Medio? ¿Dónde está? ¿Por qué es famosa?

_____

_____

GALERÍA DE CREADORES

Indica a qué área profesional pertenece cada persona.

_____ 1. Julia de Burgos   a. diseño y moda

_____ 2. Rosario Ferré   b. literatura

_____ 3. Wifredo Lam   c. pintura

_____ 4. Óscar de la Renta

Elige dos de estos creadores y describe lo que has aprendido sobre cada uno.

1. _____

_____

2. _____

_____

Lección 4

CORTOMETRAJE

El cortometraje *El Rincón de Venezuela* trata, entre otros temas, de las relaciones entre padres e hijos. ¿Cómo es la relación entre Rosario y sus padres? Explica tu respuesta. ¿Cómo pueden mejorar esa relación? Escribe un párrafo breve de al menos seis líneas contestando estas preguntas.

_____

_____

_____

_____

_____

_____

IMAGINA/SUEÑA
CENTROAMÉRICA

Elige dos de las tradiciones que se observan en las fotografías y describe brevemente en qué consisten.

1. _____

_____

2. _____

_____

GALERÍA DE CREADORES

Empareja cada nombre con la(s) oración/oraciones correspondiente(s).

_____ 1. Los colores cálidos como el rojo y el amarillo son característicos de su obra.

_____ 2. Escribió *Línea de fuego* y *La mujer habitada*.

_____ 3. Trabajó en México con Diego Rivera.

_____ 4. Pintó *Desnudo sentado* y *Bañistas en la tarde y coche*.

_____ 5. En 1988 recibió el Premio a la Mejor Novela Política del Año.

_____ 6. Es una especie de bordado (*embroidery*) intrincado.

a. Gioconda Belli

b. Armando Morales

c. Camilo Minero

d. La mola

Lección 5

CORTOMETRAJE

Mira este fotograma del cortometraje *Raíz* y explica sobre lo que Arcadio y Clara están conversando. ¿Qué conflicto hay con el árbol? ¿Qué opinión tiene cada uno?

_____

_____

_____

_____

_____

IMAGINA/SUEÑA
COLOMBIA, ECUADOR Y VENEZUELA

Imagina que vas a realizar un viaje a los Andes inspirado en la lectura. Describe los sitios y atracciones que visitarás en cada país, basándote en lo que has aprendido en esta lección. Usa el futuro.

_____

_____

_____

_____

GALERÍA DE CREADORES

Indica a qué área profesional pertenece cada persona. Hay una respuesta que no se usa.

_____ 1. Marisol Escobar   a. diseño y moda

_____ 2. Gabriel García Márquez   b. literatura

_____ 3. Oswaldo Guayasamín   c. pintura/muralismo

_____ 4. Carolina Herrera   d. música

                                                e. escultura

Elige dos de estos creadores y explica lo que has aprendido de ellos.

1. _____

_____

2. _____

     Lección 5 Optional Testing Sections   **105**

CORTOMETRAJE

Escribe un párrafo breve sobre el fotograma de *Hiyab*. Básate en estas preguntas:
¿De qué están hablando estos dos personajes? ¿Cómo termina la conversación?

_____

_____

_____

_____

_____

_____

_____

_____

IMAGINA/SUEÑA
CHILE

Contesta estas preguntas.

1. ¿Qué océano y qué cordillera definen la geografía distintiva de Chile?

   _____

2. ¿Cuáles son los atractivos de la isla de Pascua?

   _____

3. ¿Qué poeta chileno pasó su infancia y adolescencia en la ciudad industrial de Temuco?

   _____

GALERÍA DE CREADORES

> a. Isabel Allende
> b. Miguel Littín
> c. MATTA
> d. Violeta Parra

Empareja cada descripción con el nombre correspondiente.

_____ 1. Su tío fue presidente de Chile.

_____ 2. Su obra *El chacal de Nahueltoro* causó gran conmoción, pero fue un éxito con los críticos y el público.

_____ 3. También se dedicó a la pintura, la escultura, la cerámica y el arte de bordado de arpilleras.

_____ 4. Creó mundos imaginarios en los que representó su visión de las fuerzas invisibles del universo.

_____ 5. En 1937 se unió al movimiento artístico del surrealismo.

_____ 6. *Gracias a la vida* es una de sus canciones.

_____ 7. Su película *Alsino y el cóndor* fue nominada al Óscar a la mejor película extranjera.

_____ 8. Escribió la novela *La casa de los espíritus*.

Lección 7

CORTOMETRAJE

Escribe un breve párrafo en el que describas la situación que se presenta en el cortometraje *Recursos humanos* entre la candidata y el entrevistador. Ten en cuenta estas preguntas: ¿Qué crees que piensa la candidata del entrevistador? ¿Cuáles son las intenciones de los dos personajes? ¿Crees que la candidata y el entrevistador se sienten cómodos en la entrevista? ¿Por qué?

_____

_____

_____

_____

_____

IMAGINA

BOLIVIA Y PARAGUAY

Imagina que vas a realizar un viaje a Bolivia y Paraguay inspirado por la lectura de la sección **IMAGINA**. Describe lo que harás y los sitios que visitarás durante tu estancia en cada país, basándote en lo que has aprendido en esta lección. Puedes usar esta lista como referencia.

La chipá	Las misiones
Potosí	jesuitas
El Pantanal	Tiahuanaco

_____

_____

_____

_____

_____

_____

GALERÍA DE CREADORES

Empareja cada nombre con la(s) oración/oraciones que le corresponda(n).

_____ 1. Nació en España, pero desarrolló su carrera literaria en Paraguay.

_____ 2. Escribió *Hijo de hombre* y *El trueno entre las hojas*.

_____ 3. Empezó a estudiar arte a los 11 años y reside en París.

_____ 4. Nació en Asunción, pero estuvo exiliado en otros países por mucho tiempo.

_____ 5. Realizó sus estudios y trabajos en Argentina, España, Francia y en su amada Bolivia.

_____ 6. Muchas de sus obras tienen temas e imágenes infantiles.

a. Graciela Rodo Boulanger
b. Augusto Roa Bastos
c. Josefina Plá
d. Arturo Reque Meruvia

Lección 7 Optional Testing Sections | **107**

Lección 8

CORTOMETRAJE

Abel Ramos, el protagonista del cortometraje *El clon*, está pasando por (*is going through*) un momento difícil en su vida, y piensa que la clonación puede ser la solución a sus problemas. Escribe un diálogo entre él y su novia, en el que se discutan las ventajas y las desventajas de la clonación.

_____

_____

_____

_____

_____

_____

_____

_____

_____

IMAGINA
PERÚ

Elige uno de estos lugares y describe lo que representa. Basa tu descripción en lo que aprendiste en la sección correspondiente de tu libro de texto.

> Cuzco
> Iquitos
> Líneas de Nazca

_____

_____

_____

_____

_____

_____

GALERÍA DE CREADORES

Indica a qué área profesional pertenece cada persona.

_____ 1. Tania Libertad   a. música
_____ 2. Hermanos Santa Cruz   b. literatura
_____ 3. Fernando de Szyszlo   c. pintura
_____ 4. Mario Vargas Llosa

CORTOMETRAJE

Escribe un breve párrafo sobre los aspectos positivos del deporte que se aprecian en el cortometraje *Espíritu deportivo*; nombra cada aspecto e indica cómo se ilustra en el cortometraje.

_____
_____
_____
_____
_____
_____

IMAGINA
ARGENTINA Y URUGUAY

Imagina que vas a realizar un viaje a Argentina y Uruguay inspirado en la lectura de la sección **IMAGINA**. Elige uno de los dos países y describe los sitios y atracciones que visitarás durante tu estancia, basándote en lo que has aprendido en esta lección.

_____
_____
_____
_____
_____
_____
_____
_____
_____
_____
_____

GALERÍA DE CREADORES

Indica a qué área profesional pertenece cada persona. Hay una respuesta que no se usa.

_____ 1. Julio Bocca   a. humor

_____ 2. Jorge Luis Borges   b. danza

_____ 3. Julio Sosa   c. poesía

_____ 4. Cristina Peri Rossi   d. canto

                                    e. literatura

Elige dos de estos creadores y describe lo que has aprendido en esta lección sobre cada uno de ellos.

1. _____
_____

2. _____
_____

Lección 10

CORTOMETRAJE

En el cortometraje *Un pedazo de tierra,* don Aurelio, un hombre de avanzada edad, expresa su deseo de ser enterrado junto a la tumba de su esposa. Escribe un párrafo sobre cómo está tratado el tema de la muerte en el cortometraje. Habla de la perspectiva de don Aurelio y de lo que significa su viaje para él, e incluye también cómo vive este viaje su nieto Ramiro.

_____
_____
_____
_____
_____

IMAGINA
ESPAÑA

Escribe un párrafo sobre la riqueza cultural de España. Indica dónde se pueden apreciar las aportaciones a la cultura de España de los romanos, los visigodos y los moros. Incluye también algunas de las atracciones turísticas que ofrece este país.

_____
_____
_____
_____
_____
_____
_____
_____
_____
_____

GALERÍA DE CREADORES

Indica a qué área profesional pertenece cada persona. Hay una respuesta que no se usa.

_____ 1. Ferran Adrià   a. arquitectura

_____ 2. Santiago Calatrava   b. cine

_____ 3. Isabel Coixet   c. danza

_____ 4. Ana María Matute   d. gastronomía

                                     e. literatura

Elige dos de estos creadores y describe lo que has aprendido en esta lección sobre cada uno de ellos.

1. _____
_____
2. _____
_____

TESTING PROGRAM AUDIOSCRIPTS

Lección 1 PRUEBA

1 En crisis Lee estas oraciones incompletas y escribe el final de acuerdo con el fragmento de un programa de radio que vas a escuchar. Escucharás la grabación dos veces.

Y ahora, es el momento de leer las cartas que nuestros oyentes le enviaron a la doctora experta en relaciones amorosas. La primera carta es de "Un Novio Ansioso" y dice lo siguiente:

Querida doctora:

Le escribo porque estoy preocupado por mi relación. Mi novia se llama Ana. Vivimos juntos desde hace tres meses y lo compartimos todo, pero yo ya no estoy tan emocionado con ella como al comienzo. La razón es que soy muy celoso y estoy harto de los coqueteos de mi novia: cuando salimos, ella coquetea con el primer chico que ve y esto me hace sentir muy enojado y deprimido. Yo soy un hombre muy sensible, cariñoso y tímido y no merezco esto. No me gusta discutir y por eso creo que Ana no sabe que estoy disgustado y que quiero romper con ella. Pero antes de hacerlo, quiero una respuesta de una profesional como usted porque me siento muy inseguro y creo que todavía estoy enamorado de ella. ¿Cree que hay una solución? ¿Debo dejar a mi novia?

Espero ansioso su respuesta, Un Novio Ansioso

Querido Novio Ansioso:

Está claro que su relación está en crisis y que usted no confía en su pareja. Mi consejo es éste: debe hablar con su novia y decirle cómo se siente. Si no le gusta esta idea, también puede hacer este experimento: debe salir con su novia este próximo fin de semana y coquetear con otras chicas. Así puede conocer los verdaderos sentimientos de su novia hacia usted. Un saludo cariñoso.

(Recording is played twice.)

Lección 2 PRUEBA

1 Hola desde México D.F. Vas a escuchar una historia y a continuación seis preguntas. Escucha con atención y, después, completa las respuestas.

Ana María acaba de mudarse a la Ciudad de México y le escribe un correo electrónico a su amiga Violeta. En el mensaje Ana María escribe lo siguiente:

¡Hola, Violeta!

¿Cómo te va? Yo llegué al D.F. hace tres semanas. La ciudad es muy, muy grande y ruidosa, pero muy bonita. Lo primero que hice fue buscar un apartamento, pero no fue fácil. Encontrar vivienda a buen precio es un problema muy común. ¡No te puedes imaginar cuántos apartamentos visité en esas primeras semanas! Pensé que iba a ser fácil, pero fui un poco ingenua. De todas maneras, no fue tan malo, porque recorrí muchos barrios en autobús y así aprendí muchas cosas sobre la ciudad. Además, cuando estaba perdida, paraba para preguntar el camino y conversaba con la gente. Lo pasé muy bien conociendo gente nueva. Una de las cosas que me dijeron las personas que conocí es que el metro es más rápido y puntual que los autobuses, porque el tráfico es terrible. Por fin, hace dos días, me mudé a mi nuevo apartamento. Está en un edificio moderno a dos cuadras de mi oficina y muy cerca de una plaza muy bonita y de un centro comercial. Todavía me sorprende ver las calles siempre llenas de gente, pero estoy disfrutando de la vida en la ciudad.

Y tú, ¿cuándo vienes a visitarme?

Hasta pronto y un abrazo muy fuerte,

Ana María

1. ¿Cuándo llegó Ana María a la Ciudad de México?
2. ¿Qué fue lo primero que hizo después de llegar?
3. ¿Cómo aprendió Ana María muchas cosas de la ciudad?
4. ¿Qué hacía Ana María cuando estaba perdida?
5. Según las personas que conoció, ¿qué medio de transporte es más rápido y puntual?
6. ¿Dónde está el nuevo apartamento de Ana María?

Lección 3 PRUEBA

1 ¿Miramos la tele? Vas a escuchar una conversación entre Noelia y su amigo estadounidense, Jack. Escucha con atención y, después, responde a las preguntas con oraciones completas.

JACK ¿Quieres mirar la tele o quieres que salgamos a dar una vuelta?

NOELIA ¿La tele? No, a esta hora nunca hay programas buenos. Está claro que no conoces la televisión en España. Últimamente sólo ponen programas del corazón, o esos que llaman "telerrealidad". Son los más populares.

JACK Y, ¿qué son programas del corazón?

NOELIA Son programas de noticias, o mejor dicho, son programas de chismes relacionados con la gente famosa. Por ejemplo, "tenemos imágenes exclusivas de Penélope Cruz con un nuevo amor", o "Antonio Banderas sigue enamorado de su esposa, Melanie Griffith". Como ves, nada serio, pero hay mucha gente a quien le fascina todo lo relacionado con los famosos. Es más o menos el equivalente a la revista *People,* pero en televisión.

JACK Ah, ya entiendo. Y ya veo que a ti no te interesan para nada.

NOELIA Tienes razón, no me interesa la vida privada de los famosos. ¿Y a ti te gusta este tipo de programas?

JACK No, tampoco me gusta, pero los que sí me entretienen son los programas de telerrealidad.

NOELIA Ah, ¿sí? Y, ¿por qué?

JACK Porque en los programas de telerrealidad puedes ver a gente normal como tú y como yo en situaciones extremas, como en *Supervivientes,* y me interesa ver cómo reaccionan ante situaciones difíciles. También me gusta observar a la gente en la calle.

NOELIA Sí, estoy de acuerdo. *Supervivientes* es muy entretenido. Y lo más curioso es que las personas normales que participan en los programas de telerrealidad terminan siendo populares. ¡Y después también ellos salen en los programas del corazón!

1. ¿Por qué no quiere Noelia ver la tele?
2. ¿Por qué menciona Noelia los programas del corazón y los programas de telerrealidad?
3. ¿Qué son los programas del corazón?
4. ¿Por qué no le gustan los programas del corazón a Noelia?
5. ¿Por qué le interesan a Jack los programas de telerrealidad?
6. ¿Qué le parece curioso a Noelia sobre la telerrealidad?

Lección 4 PRUEBA

1 Una entrevista con Laura Puente Vas a escuchar una entrevista con la modelo Laura Puente y a continuación seis preguntas. Escucha con atención y, después, completa las respuestas.

LOCUTORA Hola, Laura. Bienvenida a nuestro programa.

LAURA PUENTE Buenos días. Encantada de estar aquí.

LOCUTORA Como sabes, nuestro programa trata temas de interés social como el papel de la mujer en la familia y en el mundo del trabajo, y temas de salud que preocupan a las mujeres. A nuestros oyentes les gustaría saber cómo te encuentras en tu nuevo papel de madre.

LAURA PUENTE Me siento muy bien y muy feliz. Ser madre es una experiencia maravillosa que es muy difícil imaginar antes de vivirla. El bebé ya tiene tres meses y es muy buen niño.

LOCUTORA ¿Cuál es el cambio más grande que notas en tu vida después del nacimiento de tu hijo?

LAURA PUENTE Mi rutina es completamente diferente ahora que no trabajo y que tengo que cuidar a mi hijo. Cuando trabajaba de modelo no me tenía que levantar temprano casi nunca. Normalmente trabajaba hasta tarde y por las mañanas no me levantaba hasta las diez o las once. Ahora me despierto varias veces durante la noche y me levanto a las seis todos los días. Por eso también me tengo que acostar temprano; a las nueve de la noche ya estoy en la cama. Pero no me quejo; es un cambio muy positivo.

LOCUTORA ¿Y de dónde sacas tanta energía? Porque ser mamá es un trabajo muy duro.

LAURA PUENTE Hago ejercicio tres veces por semana y eso me da energía. Pero también tengo mucha suerte de que mis padres y mis suegros viven muy cerca de nosotros y nos ayudan mucho con el bebé. Es su primer nieto y están como locos con él. Además, quiero que mi hijo tenga una relación especial con sus abuelos, como la tuve yo también con los míos.

1. ¿Qué temas trata el programa de radio?
2. ¿Cómo se siente Laura Puente en su papel de madre?
3. ¿Qué aspecto de su vida cambió más con el nacimiento de su bebé?
4. ¿A qué hora se levanta Laura Puente?
5. ¿Qué hace para tener energía?
6. ¿Qué dice Laura sobre los abuelos de su hijo?

Lección 5 PRUEBA

1 La lotería Primero, lee estas preguntas. Después, escucha la conversación de la familia García y contesta las preguntas con respuestas breves.

NARRADORA Los García son grandes amantes de la naturaleza. El hijo, Alberto, compró un billete de lotería esta mañana, y los tres están comiendo al aire libre y pensando en qué harían si ganaran la lotería.

PADRE Pues yo compraría un coche ecológico, de esos que no usan combustible, para que no contamine el medio ambiente. En él llevaría a toda la familia al bosque cada fin de semana para plantar más árboles y combatir la deforestación. También dejaría el trabajo y empezaría a estudiar distintas formas de energía renovable.

MADRE ¡Qué buena idea! Pero yo tengo una idea mejor. Yo compraría una casita en el campo. Así, querido, podríamos vivir lejos de la ciudad y de la contaminación. Trabajaríamos cultivando verduras y respiraríamos aire puro todos los días. Y para ti, Alberto, yo te compraría una computadora para que puedas estudiar desde casa.

HIJO Gracias, mamá. Pero yo me iría a las islas Galápagos, en Ecuador, y terminaría allí mis estudios de ecología. Podría nadar en el mar cada día y observar paisajes preciosos.

MADRE ¿A Ecuador? ¡Pero, hijo, eso está muy lejos!

HIJO Bueno, mamá, pero vendría a visitarlos mucho, porque tendríamos dinero. O ustedes me podrían visitar a menudo.

Lección 6 PRUEBA

1 El activismo Vas a escuchar una charla informativa que tiene lugar en un barrio de Santiago de Chile. Indica si cada afirmación es **cierta** o **falsa**.

Bienvenidos a la reunión informativa del grupo Chilenos en Acción, un grupo de activistas asociado con Amnistía Internacional de Chile. Nuestra misión es informar a los ciudadanos de nuestras actividades para que sepan más sobre cómo ayudar en la lucha por los derechos humanos. Nuestro objetivo para la reunión de hoy es encontrar ciudadanos interesados para trabajar como voluntarios en nuestra organización. Todos saben que nuestro país tiene una historia larguísima de abusos contra los derechos humanos y ésa es la razón que nos trae aquí; ésa es la razón por la cual es tan importante que todos y cada uno de nosotros trabajemos para luchar contra estos abusos y para que no se repitan nunca más. Estamos aquí para informarles de cómo pueden ayudarnos. ¿No creen que es mejor participar y actuar que ver pasivamente como estos abusos se repiten?

El objetivo más importante y fundamental de nuestra organización es educar a todos los ciudadanos para que respeten y defiendan los derechos humanos. Como voluntarios, ustedes participarían en campañas de educación para informar a miembros de su comunidad, barrio, lugar de trabajo o universidad de casos específicos de injusticias y abusos. También participarían activamente en promover acciones concretas, como protestas y manifestaciones, o en el envío de cartas al gobierno.

La educación de los ciudadanos es la forma más efectiva para que con su voto el gobierno convierta en prioridad la defensa de los derechos humanos. A continuación vamos a hablar de otros temas importantes...

Lección 7 PRUEBA

1 La entrevista de Paco Vas a escuchar la historia de Paco, un escritor que se quedó sin trabajo. Escucha con atención y, después, elige la mejor opción.

La semana pasada Paco se quedó sin trabajo. Él es escritor, y la revista en la que trabajaba tuvo que despedir a todos los empleados porque no iba bien. El gerente de la empresa dice que la revista ha cerrado porque el país está en un momento de crisis económica, pero Paco piensa que ha sido por mala administración. Cuando Paco se enteró de que iban a despedirlo, envió su currículum vitae a varios lugares y hoy lo han llamado para que vaya a una entrevista en una revista nueva de la ciudad donde vive. La gerente editorial de la revista le ha explicado a Paco que el puesto es para alguien con mucha experiencia. La revista se ha empezado a publicar hace pocos meses y, además de un buen escritor, necesita a alguien que traiga ideas nuevas y sepa dirigir a los empleados más inexpertos.

Paco sabe que él está perfectamente preparado para hacer ese trabajo y le gustaría conseguir el puesto porque el sueldo es alto y las condiciones de trabajo son muy buenas. Además, la gerente editorial le ha dicho que, si todo va bien, hay muchas posibilidades de ascender.

La verdad es que a Paco le gustaría mucho poder trabajar en una revista con tanto potencial, pero en el futuro lo que le gustaría en realidad es escribir un libro.

Lección 8 PRUEBA

1 Inventos extraordinarios Vas a escuchar una narración sobre los inventos modernos y los cambios que han producido. Escucha con atención y, después, completa las oraciones.

"Todo lo que podía ser inventado ya ha sido inventado." Esto lo dijo en el año 1898 Charles Duell, quien trabajaba para la Oficina de Patentes de los Estados Unidos. Esta afirmación no es del todo sorprendente, ya que 20 años antes, en 1876, se había inventado el teléfono, uno de los inventos tecnológicos más importantes y con más aplicaciones de la historia. ¿Quién hubiera podido imaginar otro invento más revolucionario? Ya no nos sorprende que una persona pueda comunicarse con otra aunque esté a miles de kilómetros de distancia. Y si el teléfono es celular, se puede usar no sólo lejos de los cables de la ciudad, como en la playa o en lo alto de una montaña, sino que también se puede viajar a otros países y usarlo normalmente, sin tener que comprar uno nuevo.

No sólo es el teléfono un gran invento, sino que gracias a él se ha desarrollado otro invento aún más revolucionario: el correo electrónico. Cuando empezó a generalizarse el uso del correo electrónico en los años 90, nadie pensaba que iba a sustituir al teléfono en la vida cotidiana. Sin embargo, a nadie le parece extraño hoy en día que los empleados de una compañía usen el correo electrónico para comunicarse con sus colegas con mucha más frecuencia que el teléfono. Y no sólo empleados que trabajan en distintas ciudades; esto ocurre dentro del mismo edificio. Pero la verdad es que estos empleados no necesitarían trabajar en el mismo edificio, porque gracias a este invento se puede trabajar y entregar informes desde casa, sin necesidad de pasar tiempo en la oficina. ¿Te imaginas vivir sin correo electrónico?

Lección 9 PRUEBA

1 Marco y sus actividades Escucha lo que dice Marco sobre sus actividades e indica si lo que dice cada oración es **cierto** o **falso**. Corrige las oraciones falsas.

Hola, me llamo Marco y soy un chico muy activo. La verdad es que no me gusta estar tranquilo ni un segundo. Me fascinan los deportes; soy miembro de un club de fútbol y asisto a muchos partidos, y en el invierno me encanta hacer esquí de fondo. Si hay partidos de fútbol en la televisión, siempre los miro, y en los últimos días ha habido muchos partidos de fútbol en todas las cadenas de televisión. A mí me habría gustado ser futbolista profesional, ¿sabes? Si no me hubiera lastimado la rodilla hace unos años, habría tenido posibilidades de jugar en un equipo profesional. Pero eso ya no me molesta. A mí no me gusta nada aburrirme, y por eso trato de entretenerme lo más posible cuando no tengo que trabajar. Los fines de semana, salgo a divertirme con mis amigos. A veces salimos a tomar algo, pero otras veces nos atrae más jugar al boliche o ir al cine. Cuando salimos, no nos importa estar divirtiéndonos hasta muy tarde. Pero, cuando llega el domingo, si estamos muy cansados, preferimos hacer actividades más tranquilas. Muchos domingos me reúno con mis amigos para jugar a las cartas o con videojuegos. Cuando vuelvo al trabajo el lunes por la mañana, me siento listo para empezar la nueva semana. ¡No sé cómo sería mi vida si no hubiera fines de semana!

Lección 10 PRUEBA

1 Entrevista Vas a escuchar una entrevista con María Isabel Romero, una experta en inmigración, y a continuación seis preguntas. Escucha con atención y, después, completa las respuestas.

ENTREVISTADOR Está con nosotros María Isabel Romero, experta en temas de inmigración. Gracias por acompañarnos en nuestro espacio *La entrevista de la semana*. Usted se ha dado a conocer por su libro *La inmigración en España*, pero no siempre ha trabajado en este campo. ¿Qué la atrajo hacia la inmigración?

MARÍA ISABEL Mis padres son inmigrantes. Llegaron a este país en 1970, que no fue una época fácil en lo más mínimo. Ellos querían que tuviera una buena educación y me aconsejaron que estudiara derecho, y lo hice. Siempre me había atraído el trabajo social, y así fue como decidí dedicarme a ayudar a los inmigrantes.

ENTREVISTADOR ¿Cómo definiría su trabajo?

MARÍA ISABEL Mi objetivo principal es lograr que los inmigrantes sean tratados con justicia en todos los aspectos de su vida, pero, en especial, en el proceso de encontrar un empleo con buenas condiciones.

ENTREVISTADOR ¿Cree usted que la inmigración es el mayor fenómeno social que estamos viviendo?

MARÍA ISABEL En mi opinión, sí, porque está afectando todos los aspectos de la sociedad. En mi juventud, ver a personas extranjeras en la calle era algo inusual. Ahora, 20 años después, tenemos a personas de todo el mundo como vecinos y compartimos con ellas los barrios y las escuelas. Vemos tiendas y restaurantes con productos venidos de los más lejanos países. La diversidad étnica y cultural ha aumentado muchísimo en España en las últimas décadas.

1. ¿Cuál es el título del libro escrito por María Isabel Romero?
2. ¿Qué estudió ella en la universidad?
3. ¿Cómo se interesó María Isabel Romero en la inmigración?
4. ¿En qué consiste su trabajo?
5. ¿Por qué dice que la inmigración es el mayor fenómeno social de estos tiempos?
6. Según la experta, ¿cómo se nota el aumento de la diversidad étnica y cultural en España?

Lecciones 1–5 EXAMEN

1 Aquí y ahora Vas a escuchar una narración sobre Mario, quien trabaja para una radioemisora. Escucha con atención y, después, completa las oraciones.

Mario es locutor de radio en un programa de noticias de Nueva York que se llama "Aquí y ahora". El programa se emite de siete y media a nueve de la mañana, pero Mario llega a la oficina a las seis y media. Él vive a treinta minutos de la emisora. Así que se levanta a las cinco de la mañana. A Mario no le importa levantarse tan temprano porque le gusta mucho su trabajo. Lo que más le gusta es informar a la gente de la actualidad y darle ánimo por la mañana. La verdad es que Mario es muy simpático y sabe transmitir buena energía en esas horas tan tempranas del día. El programa tiene varias secciones. Durante los primeros minutos, Mario saluda al público y da los titulares de las noticias de última hora. Después de quince minutos habla sobre la política internacional y finalmente da las noticias locales. Todos los jueves Mario entrevista a un personaje famoso de la región. El programa también dedica media hora a la cultura latina y pone algunas canciones populares. El programa tiene mucho éxito gracias a Mario. Lleva más de siete años trabajando en este programa y despertando a los oyentes por la mañana, y una emisora de Texas está ofreciéndole un puesto de locutor a nivel nacional. Mario no quiere dejar Nueva York, pero si le ofrecen más dinero, seguramente aceptará la oferta.

Lecciones 6–10 EXAMEN

1 Un viaje a Barcelona Escucha la historia del viaje de Eugenio y su novia Ana a España. Luego indica si lo que dicen las oraciones es **cierto** o **falso**.

Esta semana Eugenio tuvo que hacer un viaje de negocios a Barcelona con su jefe para reunirse con unos clientes. Ana, su novia, que ha estado en España varias veces porque tiene familia allí, decidió acompañarlo. Durante la semana, mientras Eugenio trabajaba en su oficina del centro, Ana estuvo en Roses, en la provincia de Girona, en casa de sus tíos. Aunque ella había ido a la playa con sus primos muchas veces, ha vuelto otra vez porque alguien le recomendó que hiciera buceo en esa parte de la costa. Después de bucear, Ana dijo que el mar Mediterráneo en la costa española es el más bonito que ella había visto. A Eugenio le habría gustado acompañar a su novia, pero sus reuniones no se lo permitieron.

Ayer, viernes, Eugenio por fin terminó con sus reuniones, y Ana regresó a Barcelona para estar con él. Hoy, por fin ellos han podido salir por la ciudad y han hecho muchas cosas. Los dos están encantados. Barcelona es una ciudad muy interesante y bella. Por la mañana, desayunaron chocolate con churros. Después pasearon por la Rambla, una larguísima avenida que lleva a la playa y donde puedes encontrar artistas ambulantes a todas horas del día y de la noche. Al mediodía comieron en un restaurante típicamente catalán, porque Ana siempre ha dicho que la cocina de esta región es exquisita. Por la tarde fueron a un concierto al Palau de la Música. Después del concierto, fueron con unos amigos a bailar y se divirtieron mucho. Antes de salir para el aeropuerto, escribieron y mandaron las tarjetas postales que le habían comprado a su familia. Han vuelto a casa felices de haber visitado lugares tan interesantes.

Lecciones 1–3 EXAMEN

1 Pareja con problemas Vas a escuchar un segmento de un programa de radio y a continuación ocho preguntas. Escucha con atención y, después, responde a las preguntas con oraciones completas.

Y ahora vamos a leer para la doctora Paz la carta de una oyente.

Querida doctora: Le escribo porque estoy en una situación un poco desesperada. Mi marido y yo llevamos casados cinco años y, por razones de trabajo, vivimos separados desde hace tres meses. Yo soy reportera, y el periódico para el que trabajo me envió al campo para investigar y no sé exactamente cuándo voy a poder regresar a la ciudad. El problema es que a mí me hace mucha falta mi marido, pero él no quiere venir a visitarme. Por mi trabajo, no puedo viajar hasta el final de mi investigación y sólo puedo ver a mi marido si él decide visitarme. La última vez que le pregunté por qué no venía a pasar el fin de semana conmigo, me contestó que no tenía tiempo porque estaba muy ocupado, pero yo pienso que es una excusa. Además de estar muy disgustada porque temo que mi marido esté mintiéndome, también me siento deprimida porque a mí me encanta la vida en la ciudad y encuentro que la vida en el campo es muy aburrida. Tengo miedo de que mi marido y yo estemos distanciándonos. ¿Qué debo hacer?
Aburrida y Deprimida en el Campo

Y ésta es la respuesta de la doctora.

Querida oyente: Dudo que tu marido no tenga tiempo para visitarte. Es posible que tu ausencia esté afectándole más de lo que crees. Me parece probable que tu marido esté pasando por una crisis personal y que no quiera compartir sus dificultades contigo. No te preocupes; este tipo de crisis es normal y estoy segura de que es algo pasajero. A veces es bueno que las parejas pasen tiempo separadas. Sal a explorar y a conocer gente nueva y olvídate de tus problemas.

1. ¿Por qué están separados la oyente y su marido?
2. ¿Cuál es la profesión de la oyente?
3. ¿Por qué no puede visitar la oyente a su marido?
4. ¿Por qué dice el marido que no puede visitar a su esposa?
5. ¿Por qué está la oyente deprimida?
6. En la opinión de la doctora, ¿qué le pasa al marido?
7. ¿Qué dice la doctora que es bueno a veces?
8. ¿Qué le aconseja la doctora a la oyente?

Lecciones 4–6 EXAMEN

1 El nuevo político Vas a escuchar una narración sobre Alberto, un ciudadano preocupado por su comunidad. Después, empareja cada opción de la columna A con una de la columna B.

Alberto Méndez es un abogado de treinta y cuatro años que este año quiere presentarse como candidato para ser alcalde. Alberto cree que la ciudad necesita un alcalde que se preocupe más por los problemas sociales. El año pasado, en las reuniones de vecinos, se dio cuenta de que la situación económica y social de muchos vecinos era mucho peor de lo que imaginaba. El actual alcalde salía en televisión diciendo que la ciudad estaba mejorando, pero Alberto sabía que tenía que hacer algo antes de que la situación empeorara más. Ayer pronunció un discurso delante de más de tres mil personas en la Universidad de San Carlos y explicó algunos de sus proyectos. Para Alberto Méndez es muy importante acabar con la corrupción de algunos políticos y devolverle al pueblo la confianza en la política. También le preocupa mucho mejorar la educación y la seguridad ciudadana. Si consigue el cargo, dice que va a aumentar las becas para las familias de pocos recursos económicos y los sueldos de los profesores de las escuelas públicas. También dice que construirá una nueva casa de la cultura en el centro de la ciudad y que se abrirán más bibliotecas.

Con respecto a la seguridad ciudadana, Alberto Méndez está muy preocupado porque en el último año hubo más robos en la ciudad que en años pasados. A Alberto Méndez le gustaría terminar con el desempleo en la región y desearía que los ciudadanos se sintieran más seguros en su ciudad. Por eso está pensando en contratar a mil doscientos policías más para que vigilen día y noche los lugares céntricos.

1 El idioma español Vas a oír una narración sobre la importancia del español. Escucha con atención y, después, completa las oraciones.

La importancia del español en el mundo continúa hoy apareciendo en los medios de comunicación. Ya en el año 1999 se anunciaba en un periódico de los Estados Unidos que el futuro de las comunicaciones se encontraba en el idioma español. En un artículo titulado "Los gigantes norteamericanos de la comunicación apuestan por el idioma español para el futuro", se anticipaba la marcha imparable del español. Presentamos aquí algunos de los puntos más importantes:

1. Bill Gates y Carlos Slim anunciaron la creación por parte de Microsoft y Telmex del mayor portal de Internet en español del mundo. El vicepresidente para Iberoamérica de Microsoft, Mauricio Santillán, declaró que lo más importante de esta alianza era el gran potencial de contenidos y opciones locales que ofrecerá el portal a los usuarios de Internet en español.

2. El departamento de policía de Nueva York está estudiando la manera de ofrecer clases de español al mayor número posible de sus 40.000 agentes.

3. Famosos medios, como el diario *The New York Times,* han empezado a enseñar español a sus empleados "como apuesta de futuro".

4. En los últimos dos años, el español se ha convertido en el idioma más ofrecido en todas las escuelas privadas de idiomas.

5. Periódicos conocidos, como *El Diario* y *Noticias del Mundo,* planean una expansión similar a la de los canales de televisión en español, como Univisión y Telemundo, los cuales han visto aumentar su audiencia en un 50% en el último año.

6. Más y más políticos utilizan sus conocimientos de español para conseguir votos.

Lección 1 MINIPRUEBA

PARA EMPEZAR

1 1. soltera 2. agobiada 3. celoso 4. emocionada
5. mentirosa 6. merece 7. romper 8. cita
a ciegas

2 1. c 2. a 3. e 4. b 5. d

3 1. genial 2. confío 3. coquetea 4. estoy harto
5. disgustada 6. inseguro

ESTRUCTURAS

1 1. a 2. b 3. b 4. b 5. a

2 1. soy 2. es 3. soy 4. estoy 5. es 6. está
7. estoy 8. Es 9. son 10. estamos

3 1. conduzco 2. puede 3. salgo 4. piensan
5. escojo 6. piden 7. tienes 8. traduzco
9. puede 10. parezco

4 1. conozco 2. estudia 3. reside 4. tiene
5. quiero

5 1. me encanta 2. le faltan 3. nos fascina
4. le duele 5. me caen bien 6. les preocupa
7. nos aburren 8. les queda

6 Answers may vary. 1. A Pedro le gusta discutir
aunque no tenga razón. 2. A Juana y a Camila
les gusta el cine mexicano. 3. A Isabel no le
gustan las sorpresas. 4. A mis hermanos les gusta
la poesía más que la novela. 5. A mí me gustan
mucho los poemas de Pablo Neruda. 6. A todos
nos gusta el nuevo profesor de biología.

Lección 2 MINIPRUEBA

PARA EMPEZAR

1 1. b 2. a 3. b 4. a 5. c

2 1. d 2. a 3. e 4. g 5. b 6. h 7. f 8. c

3 1. afueras 2. plazas 3. conversar 4. disfruta de
5. dar un paseo 6. recorrer

ESTRUCTURAS

1 1. fuimos 2. vimos 3. quiso 4. pasamos
5. acabó 6. condujeron 7. caminé 8. comenzó

2 1. estudiaste 2. pidieron 3. estuvo 4. pusiste
5. supieron 6. abrió 7. empezó 8. trajiste
9. leyeron 10. durmió

3 1. tenía 2. vivían 3. eras 4. iban 5. paseaban
6. pensaba

4 1. había 2. practicábamos 3. viajaba 4. estaba
5. jugábamos

5 1. a 2. a 3. b 4. a 5. b 6. b

6 Cuando te vi eran las diez y media de la noche.
/ Cuando yo te vi eran las diez y media de la
noche. 2. Todas las mañanas desayunaban
café con leche. / Todas las mañanas ellos
desayunaban café con leche. 3. Durante la
tormenta vimos una película de Antonio
Banderas. / Durante la tormenta nosotros vimos
una película de Antonio Banderas. 4. De niño
yo siempre leía las tiras cómicas de Mafalda.
/ De niño siempre leía las tiras cómicas de
Mafalda. 5. En 2004 yo corrí el maratón de
Sevilla. / En 2004 corrí el maratón de Sevilla.

Lección 3 MINIPRUEBA

PARA EMPEZAR

1 1. el periodista 2. el horóscopo 3. la sección deportiva 4. los programas de telerrealidad 5. la publicidad

2 1. b 2. d 3. a 4. e 5. c

3 1. director 2. películas 3. efectos especiales 4. rodó 5. transmitió 6. banda sonora 7. la actriz 8. el actor 9. estreno 10. público

ESTRUCTURAS

1 1. juegue 2. sean 3. siga 4. suba 5. comience 6. salga 7. veas 8. venga

2 1. hayas 2. tengas 3. esté 4. trabajemos 5. tenga 6. elijan 7. guste 8. gane

3 1. Van a rodarla. / La van a rodar. 2. Voy a escribirla. / La voy a escribir. 3. Deben contratarlos. / Los deben contratar. 4. Quieren verla. / La quieren ver. 5. Ellos van a escribirlos. / Ellos los van a escribir.

4 1. para ti 2. consigo 3. a mí 4. contigo 5. conmigo

5 1. Pasea al perro. / Paséalo. 2. Leamos la revista. / Leámosla. 3. Busque información en Internet. / Búsquela. 4. Leamos el artículo de Pablo. / Léamoslo. 5. Traiga su perro. / Tráigalo.

6 1. Que llueva. 2. Que pase el siguiente. 3. Que no le den el primer premio. 4. Que laven los platos. 5. Que paguen antes de irse.

Lección 4 MINIPRUEBA

PARA EMPEZAR

1 1. c 2. a 3. c 4. b 5. c

2 1. cierto 2. falso 3. cierto 4. falso 5. falso 6. cierto 7. cierto 8. cierto

3 1. peleamos 2. brecha generacional 3. adolescente 4. adulto 5. rebelde 6. sumiso 7. carácter 8. unidos

ESTRUCTURAS

1 1. estudie 2. es 3. tenga 4. llegan 5. viva

2 1. es 2. tenga 3. juegue 4. gusta 5. preocupa 6. haga

3 1. te levantas 2. me ducho 3. se arreglan 4. se pone 5. se seca 6. se afeita

4 1. se parecen 2. se pone 3. se aburre 4. saludamos 5. me acordé

5 1. c 2. a 3. b 4. a 5. b 6. c

6 1. para 2. para 3. por 4. para 5. por 6. por

7 1. Por 2. para 3. Por 4. para 5. Por 6. para 7. Por

Lección 5 MINIPRUEBA

PARA EMPEZAR

1 1. dañino 2. proteger 3. especie en peligro
4. focas 5. aire libre

2 1. e 2. g 3. a 4. b 5. h 6. d 7. f 8. c

3 1. prevenir 2. medio ambiente 3. empeorar
4. la capa de ozono 5. tóxicos 6. renovables
7. híbridos 8. porvenir

ESTRUCTURAS

1 1. protegerán 2. viviré 3. saldremos
4. plantarán 5. iremos 6. habrá 7. respirará

2 1. Habrá un huracán en la península de Yucatán.
2. ¿Querrás volver a la universidad después de
graduarte? / ¿Volverás a la universidad después
de graduarte? 3. ¿Cuánto valdrá un viaje a las
islas Galápagos? 4. Llegaremos a Bogotá el
jueves por la mañana.

3 1. querría 2. podría 3. cabría 4. tendría
5. sería 6. serían 7. podría 8. cuidaría
9. importaría 10. vendría 11. gustarían
12. valdría

4 1. ¿Vendrías a mi casa? 2. ¿Sacaría ese perro del
autobús? / ¿Sacaría usted ese perro del autobús?
3. ¿Le pondrías gasolina al coche? / ¿Pondrías
gasolina al coche? 4. ¿Me dirías quién cortó
ese árbol? 5. ¿Recogerías esos libros del suelo?
6. ¿Lavarías los platos? 7. ¿Vendrías a la costa
conmigo? 8. ¿Comprarías un coche híbrido?

5 1. b 2. c 3. b 4. b 5. c 6. a

6 1. el que 2. quienes 3. cuya 4. la cual 5. cuyos
6. cuyas

Lección 6 MINIPRUEBA

PARA EMPEZAR

1 1. ejército 2. bandera 3. pacífico 4. desigualdad
5. crueldad

2 1. amenaza 2. elegir 3. conservador 4. pelear
5. destrozar 6. libertad 7. gobernar 8. abuso
9. temor 10. creencia

3 1. liberal 2. presidente 3. analfabeta
4. secuestró 5. manifestante 6. guerra 7. votó
8. ladrón 9. espiar 10. armada

ESTRUCTURAS

1 1. para que 2. hasta que 3. En cuanto 4. sin
que 5. antes de que 6. a pesar de que

2 1. termine 2. entra 3. protestar 4. vivir
5. haya 6. votas

3 1. b 2. a 3. b 4. b 5. a 6. b

4 1. juzgara 2. supieran 3. durmieras 4. pidiera
5. quisiera

5 1. a 2. c 3. a 4. c 5. b 6. a

6 1. más 2. buen 3. peor 4. grande 5. menor

Lección 7 MINIPRUEBA

1 1. d 2. a 3. e 4. b 5. c

2 1. cajero automático 2. asesor 3. almacén
4. agotada 5. vendedor 6. riqueza 7. impuesto
8. Jubilarse 9. Ascender 10. desempleado

3 1. contratar 2. trabajadora 3. compañía
4. crisis económica 5. exijo 6. aumento de
sueldo 7. sindicato 8. horario 9. perezosa
10. renunciar

ESTRUCTURAS

1 1. he abierto 2. Has visto 3. han dicho
4. hemos escrito 5. ha descubierto 6. han vuelto

2 1. Has solicitado 2. Has tenido 3. han llamado
4. has escrito 5. han venido 6. he empezado
7. has estudiado 8. ha dicho 9. he hecho
10. ha sido

3 1. haya despedido 2. hayas hecho 3. haya
tenido 4. hayas decidido 5. hayas recuperado

4 1. Se invirtió 2. Se despidió 3. Se entrevistó
4. Se informó 5. Se ascendió 6. Se exigió

5 1. Se cree que las máquinas les quitarán el
trabajo a las personas. 2. Se sabe cuál es la
causa de la crisis. 3. No se puede vivir sin
trabajar. 4. Se habla de todo sin saber de nada.

6 1. A mí se me acabó el dinero. / Se me acabó el
dinero. 2. A María se le perdieron las llaves.
/ Se le perdieron las llaves. 3. A nosotros se
nos rompió la computadora. / Se nos rompió la
computadora. 4. A ti se te olvidó el currículum.
/ Se te olvidó el currículum. 5. A ustedes se les
cayeron los papeles. / Se les cayeron los papeles.

Lección 8 MINIPRUEBA

PARA EMPEZAR

1 1. aterrizar 2. guardarlo 3. descargar
4. borrado 5. buscador

2 1. e 2. b 3. h 4. a 5. f 6. g 7. d 8. c

3 1. computadora 2. usuario 3. contraseña
4. comprobar 5. dirección 6. arroba
7. adjuntar 8. celular 9. red 10. ortográfico
11. informática 12. mensajes

ESTRUCTURAS

1 1. había tenido 2. habíamos escrito 3. habían
descargado 4. habíamos descubierto 5. había
resuelto 6. había publicado

2 1. cierto 2. falso 3. falso 4. cierto 5. cierto

3 1. hubiera conseguido 2. hubiéramos dado
3. hubiera comprado 4. hubiera ido 5. hubiera
tenido 6. hubiera borrado 7. hubieran
contribuido 8. hubieran clonado

4 1. hubieras asistido 2. hubiera sabido 3. hubiera
perdido 4. hubieras estado 5. hubiéramos podido

5 1. Quiero 2. Investigar 3. trabajar 4. debe de
5. es 6. oía 7. aprender

6 1. b 2. a 3. c 4. a 5. a 6. c

Lección 9 MINIPRUEBA

PARA EMPEZAR

1 1. videojuego 2. charlar 3. anfitriona
4. actuar 5. apostar

2 1. aguafiestas 2. entradas 3. esquí alpino
4. espectadores 5. coleccionar 6. comedia
7. parque de atracciones 8. lastimar 9. salir
10. aburrido

3 1. ilógico 2. ilógico 3. lógico 4. lógico
5. ilógico

ESTRUCTURAS

1 1. habrán celebrado 2. habrá ido 3. habré sido
4. habrán terminado 5. habrá crecido
6. habrá sido

2 1. habrá terminado 2. habrá celebrado su
graduación 3. habrá comenzado 4. Habrán
actuado 5. me habrán llamado (de la compañía)

3 1. habría ido 2. habrías sido 3. habría tocado
4. habrían sido 5. habría ido 6. habría marcado
7. se habrían divertido 8. habrían escalado

4 1. habría ido al teatro 2. se habrían reunido
con los cantantes 3. habríamos comprado un
juego de mesa 4. habrías salido a tomar algo
5. habría ido al teatro

5 1. a 2. b 3. b 4. a 5. a 6. b 7. a.

6 1. tuviera 2. harían 3. iríamos 4. habríamos
ido 5. íbamos 6. sería / era

Lección 10 MINIPRUEBA

PARA EMPEZAR

1 1. adaptarse 2. atrae 3. El diálogo 4. sola
5. ideales

2 1. caos 2. diversidad 3. natalidad 4. disminuir
5. superarse 6. amnistía 7. lograr 8. polémica
9. maltrato 10. predecir

3 1. alcanzar 2. extrañar 3. conformista
4. frontera 5. pertenecer 6. Integrarse
7. monolingüe 8. enriquecido 9. establecido
10. nivel de vida

ESTRUCTURAS

1 1. aprobados 2. votado 3. elegido 4. excluido

2 1. fue escrito por el profesor 2. fue investigado
por los detectives 3. ha sido resuelto por Cristina
4. fueron pintados por Dalí

3 1. algo 2. ningún 3. nadie 4. tampoco
5. siempre 6. ninguna

4 1. No cruzaremos la frontera ni en autobús ni
en coche. 2. Yo siempre me despido, porque
me gusta decir adiós. 3. El gobierno no quiere
prescindir ni del diálogo ni del entendimiento.
4. Andrés siempre ha querido aprender el idioma
oficial del país 5. Me gusta la inestabilidad
y el caos.

5 1. a 2. b 3. b 4. b 5. a 6. a

6 1. pasaría 2. se adaptaran 3. llegará / habrá
llegado 4. acabe 5. tenga 6. pudieran
7. habría tenido 8. tienen

Lección 1 PRUEBA

1 Answers may vary. Sample answers: 1. está preocupado por su relación. / su novia coquetea con otros hombres. / tiene celos. / está celoso. 2. sensible, cariñoso, tímido y celoso. 3. deprimido y enojado. / inseguro. 4. no le gusta discutir y no habla con ella de cómo se siente. 5. hablar con su novia y decirle cómo se siente.

2 1. dicen 2. tiene 3. piden 4. reconozco 5. va 6. sigue 7. sé 8. duermes 9. llegan 10. discute

3 1. soy 2. Estoy 3. Soy 4. soy 5. es 6. soy 7. estoy 8. eres 9. estás 10. ser

4 Answers will vary. Sample answers: 1. Dos personas que se llevan muy bien y les gustan las mismas cosas. 2. Estar muy triste. 3. Algo corto, como un sentimiento que termina pronto. 4. Desear o querer algo. 5. Algo que una persona dice de otra.

5 Answers will vary. Sample answers: 1. Sabrina es una chica simpática y hoy está enferma. 2. Mi abuelo está sentado en el parque; él es viejo y muy cariñoso. 3. Luis y Betty son novios, ellos están muy enamorados. 4. Lucinda es estudiante de secundaria, ella está preocupada por los exámenes.

6 Answers may vary. Sample answers: 1. A mí me importa la amistad. 2. A ti te encantan las citas a ciegas. 3. A los profesores les hacen falta unas vacaciones. 4. A mis amigos y a mí nos encanta nuestra amistad. 5. A los superhéroes les gusta el riesgo. 6. A mi novio/a le molestan los celos.

7 Answers may vary. Sample answers: 1. Falso. Es difícil hacer amigos y también es difícil encontrar pareja. 2. Cierto. 3. Falso. Es menos común que antes porque es más difícil confiar en la gente. 4. Falso. A nadie le gusta hablar con desconocidos en el autobús o el metro. Todos leen o escuchan música. 5. Cierto. 6. Cierto.

8 Answers will vary.

9 Answers will vary.

Lección 2 PRUEBA

1 1. tres semanas 2. buscar un apartamento 3. recorrió los barrios 4. preguntar el camino 5. El metro 6. un edificio; cuadras; una plaza; centro comercial

2 1. perdido 2. queda 3. estación 4. letrero 5. edificio 6. esquina 7. cruzar

3 1. iba 2. fui 3. era 4. gustaba 5. jugábamos 6. llegué 7. oí 8. estaban 9. cantaron 10. dieron

4 1. llegaste 2. pude 3. tuve 4. se cayó 5. se lastimó 6. pensamos 7. fue

5 1. salió atrasado 2. me relajé en casa anoche 3. disfrutaron del fin de semana 4. visitaste el museo nuevo 5. conversó con los ciudadanos

6 Answers will vary. Sample answers: 1. Yo tenía un perro. 2. Tú jugabas en el parque hasta tarde. 3. Mis padres y yo veíamos a mis primos con frecuencia. 4. Mis amigos iban de vacaciones al campo.

7 Answers will vary. 1. (imperfecto) 2. (pretérito) 3. (imperfecto) 4. (pretérito)

8 Answers will vary. Sample answers: 1. Se levantaba a las ocho. 2. Iba al parque con su perro Max y jugaba con él. 3. Porque la ciudad estaba muy tranquila y a Andrés no le gustaba el ruido. 4. Porque se levantó más tarde y las calles estaban llenas de gente. 5. Pensaba en el sábado porque fue un día muy extraño. 6. Porque llevaba pijama en la calle.

9 Answers will vary.

10 Answers will vary.

Lección 3 PRUEBA

1 Answers may vary. Sample answers: 1. En su opinión, a esa hora no dan programas buenos. 2. Dice que son muy populares en la televisión de España. 3. Son programas de noticias sobre famosos. 4. A ella no le interesa la vida privada de los famosos. 5. Le interesan porque puede ver a gente normal en situaciones difíciles y cómo reaccionan. 6. Le parece curioso que los participantes de estos programas se hagan famosos y después salgan en los programas del corazón.

2 1. rodar 2. grabar 3. público 4. doblaje 5. pantalla 6. temporada

3 Answers will vary.

4 1. trabajen 2. transmita 3. confiemos 4. vayas 5. dé 6. esté 7. nos suscribamos 8. publiquen

5 1. quiero verla/la quiero ver. 2. te los puedo leer/puedo leértelos. 3. no se la di. 4. se la recomiendo.

6 Answers will vary. Sample answers: 1. Lávate las manos antes de comer. 2. Acuéstate pronto. 3. No regreses tarde a casa. 4. No nos den mucha tarea. 5. Déjennos salir a jugar. 6. Sean menos serios.

7 Answers will vary. Sample answers: 1. sea nueva/de estreno. 2. ver una película de acción. 3. la película sea mala. 4. la película tenga una buena banda sonora.

8 Answers will vary. Sample answers: 1. Patricia trabaja en una productora de cine en Nueva York. 2. Se llama *Los abrazos rotos*. 3. Llamó a su amiga Gemma para contárselo y pedirle consejo. 4. Porque teme estar incómoda entre gente famosa. 5. Le aconseja que vaya al estreno porque es una oportunidad única. 6. Conoció a Pedro Almodóvar, a Antonio Banderas y a otra gente famosa.

9 Answers will vary.

10 Answers will vary.

Lección 4 PRUEBA

1 Answers may vary. Sample answers: 1. de interés social 2. muy bien y muy feliz 3. Su rutina/horario 4. a las seis 5. hace ejercicio tres veces por semana 6. muy cerca y la ayudan a ella y a su marido

2 1. sobrina 2. cuñada 3. hermano 4. primo 5. nuera 6. tío

3 1. a 2. b 3. b 4. a 5. b 6. c

4 1. te acuerdas de 2. me levanto 3. quedarme 4. nos ponemos 5. nos duchamos 6. nos vestimos 7. me afeito 8. maquillarte 9. se entera 10. se aburren

5 Answers may vary. Sample answers: 1. me comprenda. 2. viven en Venezuela. 3. sea interesante. 4. me quiera. 5. tenga buena comida.

6 Answers will vary.

7 Answers may vary. Sample answers: 1. Porque no quiere independizarse siendo muy joven y quiere esperar a formar su propia familia. 2. La familia debe apoyar a los hijos, ayudarlos y ofrecerles comprensión. 3. Porque en su niñez pasó mucho tiempo con sus abuelos. 4. Aprendió a ser honrado, a no quejarse y a no pelearse con sus hermanos. 5. Se dio cuenta de que la familia es muy importante y que hay cosas que sólo la familia puede enseñarte. 6. Porque dice que pasamos más tiempo con nuestros amigos que con nuestros padres y hermanos.

8 Answers will vary.

9 Answers will vary.

Lección 5 PRUEBA

1 Answers will vary. Sample answers: 1. Están interesados en la naturaleza y en cuidar el medio ambiente. 2. Compraría un coche ecológico, dejaría el trabajo y empezaría a estudiar distintas formas de energía renovable. 3. La familia podría vivir lejos de la ciudad, cultivaría verduras y respiraría aire puro. 4. Se la compraría para que pueda estudiar desde casa. 5. Él se iría a las islas Galápagos y terminaría allí sus estudios. 6. El hijo vendría a visitar a los padres o ellos lo visitarían a él.

2 1. porvenir 2. mono 3. paisaje 4. combustible 5. resolver 6. amenazar

3 1. a 2. c 3. c 4. a 5. b 6. a

4 Answers will vary.

5 Answers will vary. Sample answers: 1. Les recomendaría la película *Diarios de motocicleta*. 2. Estudiaría mucho en la biblioteca cada noche. 3. Haría un viaje muy largo por todo el mundo. 4. Les daría las gracias, pero lo devolvería. 5. Llamaría por teléfono al presidente para quejarme.

6 Answers may vary. Sample answers: 1. Nunca malgastaría el agua. 2. No echaría basura en el campo. 3. Protegeré las especies en peligro de extinción. 4. No contaminaré los ríos. 5. No destruiré los árboles.

7 Answers will vary. Sample answers: 1. Algunos problemas son la contaminación del aire y del agua, el efecto invernadero, la escasez de recursos naturales y la desaparición de los bosques. 2. Los jóvenes son el futuro de la sociedad. 3. Existe un programa de reciclaje, pero no todos los estudiantes reciclan. 4. Juancho ve que mucha gente malgasta el agua. 5. La gente no tiene tiempo para apreciar la naturaleza. 6. Tere propone que la gente observe y aprecie la naturaleza cada día.

8 Answers will vary.

9 Answers will vary.

Lección 6 PRUEBA

1 1. Cierto. 2. Falso. 3. Cierto. 4. Falso. 5. Falso. 6. Cierto.

2 1. c 2. f 3. e 4. a 5. d 6. b

3 1. empiece 2. dice 3. existan 4. haya 5. funcionan

4 Answers will vary. Sample answers: 1. La justicia es más necesaria que la libertad en ciertos casos. 2. La paz es más difícil que la guerra. 3. Ser liberal en las grandes ciudades es más común que ser conservador. 4. El presidente tiene que ser más inteligente que los políticos. 5. Una dictadura es peor que una democracia. 6. Los pacifistas tienen mejor reputación que los terroristas.

5 Answers will vary. Sample answers: 1. pudiera terminar el maratón. 2. no aceptaras el regalo. 3. tuvieran paciencia. 4. dijera la verdad. 5. asistieran a la manifestación.

6 Answers will vary.

7 1. Está dedicado a personas que quieren trabajar con Amnistía Internacional Chile./ que quieren que los problemas e injusticias sociales desaparezcan. 2. Ofrece dos tipos de trabajo: trabajo voluntario y prácticas profesionales. 3. Los jóvenes no tienen muchas obligaciones. 4. El ciberactivismo consiste en hacer posible el activismo por medios electrónicos. 5. Necesitan un pasaporte válido y un permiso de residencia durante el período de la práctica. 6. Necesitan hablarlo con fluidez.

8 Answers will vary.

9 Answers will vary.

Lección 7 PRUEBA

1 1. b 2. a 3. c 4. b 5. a 6. c

2 1. f 2. g 3. d 4. c 5. e 6. a

3 1. puesto 2. jubilarse 3. empresa 4. gerente
5. capaz 6. reunión 7. sueldo 8. presupuesto
9. exitoso 10. impuestos

4 Answers will vary. Sample answers: 1. Se me
acabó la gasolina de camino a una entrevista.
2. Se me perdieron las tarjetas de crédito y no
pude poner gasolina. 3. Se me olvidó
el currículum.

5 1. Se necesita/Se busca empleado. 2. Se habla
español. 3. Se venden libros antiguos. 4. No
se aceptan tarjetas de crédito.

6 1. Creo/No dudo/Es verdad que mi mejor
amigo ha trabajado en un restaurante de
comida rápida. / No creo/Dudo/No es verdad
que mi mejor amigo haya trabajado en un
restaurante de comida rápida. 2. Creo/No
dudo/Es verdad que mi padre ha sido un gran
atleta. / No creo/Dudo/No es verdad que mi
padre haya sido un gran atleta. 3. Creo/No
dudo/Es verdad que mi profesor(a) de español
ha conocido a un actor famoso. / No creo/
Dudo/No es verdad que mi profesor(a) de
español haya conocido a un actor famoso.
4. Creo/No dudo/Es verdad que uno de mis
parientes ha ido a una isla exótica. / No creo/
Dudo/No es verdad que uno de mis parientes
haya ido a una isla exótica.

7 Answers will vary. Sample answers: 1. Ha
preparado la cena./Ha puesto la mesa. 2. Han
regresado de un viaje./Han estado de vacaciones.
3. Ha comprado ropa./Ha ido de compras.

8 1. Mauricio acaba de graduarse y necesita
encontrar un empleo. 2. No le interesan
porque todos son en ventas y él prefiere
trabajar en un banco o una empresa financiera.
3. Pensó que sería buena idea ir personalmente
a una sucursal del Banco de México. 4. Salió
temprano para llegar al Banco de México a
las nueve en punto. 5. Pensó que se reirían
de él por tratar de hablar con el gerente sin
tener una cita. 6. El señor Valdés le ofreció a
Mauricio un empleo inmediatamente.

9 Answers will vary.

10 Answers will vary.

Lección 8 PRUEBA

1 1. Patentes 2. inventado 3. el teléfono
4. tecnológicos 5. celular 6. cables 7. una
montaña 8. el correo electrónico 9. los años
90 10. la vida cotidiana 11. Los empleados
12. casa

2 1. genética 2. contraseña 3. telescopio
4. aterrizar 5. gravedad 6. experimento

3 Sample answers: 1. encontrar información en
la red. 2. trabajar en cualquier sitio.
3. corregir errores ortográficos. 4. enviar y
recibir correo electrónico. 5. tomar muchas
fotos por poco dinero.

4 1. había recibido 2. hubieran premiado
3. hubieran incluido 4. habían trabajado
5. hubiera dirigido 6. habían desarrollado

5 1. quiere protestar 2. trata de explicar
3. es importante reconocer 4. escucha hablar
5. permite compartir 6. puede contener

6 Answers will vary. Sample answers: 1. habían
terminado de preparar la cena. 2. me había
llamado por teléfono. 3. habíamos decidido
qué queríamos estudiar. 4. había viajado al
Caribe. 5. me habían regalado una.

7 1. Le había gustado todo lo relacionado con
el universo. 2. Le regalaron un telescopio.
3. Lo llevó a su oficina y le presentó al
profesor Sánchez. 4. Lo dejó asistir a una
de sus clases y le enseñó el planetario. 5. A
Alberto le habría gustado ser astronauta.
6. Daniel es amigo de Alberto y trabaja en
el departamento de avances tecnológicos
de la NASA.

8 Answers will vary.

9 Answers will vary.

Lección 9 PRUEBA

1 1. Falso. Marco también practica esquí de fondo. 2. Cierto. 3. Falso. Todos los fines de semana sale con sus amigos. 4. Cierto. 5. Cierto. 6. Falso. Al llegar el lunes se siente listo para empezar la semana.

2 1. animado 2. entradas 3. aficionada 4. parque de atracciones 5. aguafiestas 6. vale la pena

3 1. se habrán agotado los boletos 2. habrá sido aburrida 3. habré perdido todo el dinero 4. habrá marcado ningún gol 5. se habrá lastimado

4 Answers will vary. Sample answers: 1. Habría nacido en Italia. 2. Habría practicado el alpinismo. 3. Mi hermana habría sido una actriz famosa. 4. física / Habría elegido a Einstein. 5. Mis compañeros habrían sido los estudiantes más divertidos.

5 Answers will vary. Sample answers: 1. saldría más con mis amigos 2. no fueran tan competitivos 3. no estuvieran aquí mis amigas 4. voy a dar un paseo por la playa 5. habríamos ido a un concierto

6 Answers will vary.

7 1. Viajaron a Buenos Aires porque su prima se va a casar allí con un músico argentino. 2. Es el futuro primo del narrador y es músico y dueño de una sala de conciertos en Buenos Aires. 3. Su actividad favorita fue la visita a la Casa-Museo de Carlos Gardel. 4. Son aficionados a la música de jazz y al tango argentino. 5. Si sus planes se hacen realidad, el año próximo irán a estudiar a la escuela de música de Berklee en Boston. 6. La oportunidad única consiste en poder tocar con el conjunto musical de Miami, en sus conciertos de verano por los Estados Unidos.

8 Answers will vary.

9 Answers will vary.

Lección 10 PRUEBA

1 Some answers may vary. 1. *La inmigración en España* 2. derecho 3. inmigrantes; ayudar a los inmigrantes 4. intentar que los inmigrantes sean tratados con justicia; buscan empleo 5. afecta todos los aspectos de la sociedad 6. personas extranjeras; todo el mundo; las tiendas y los restaurantes; productos de países lejanos

2 1. extrañar 2. materna 3. excluidos 4. nivel de vida 5. previsto 6. diálogo

3 1. Has oído 2. he prendido 3. ponerte 4. cuento/contaré 5. estuvieron 6. iba 7. habría hecho 8. resolver 9. fuera 10. habría

4 1. Muchos fueron obligados a exiliarse por la dictadura. 2. Miles de turistas son atraídos por la riqueza cultural de España. 3. La nueva ley fue rechazada por la mayoría de los votantes. 4. Toda la sociedad está afectada por la inmigración masiva. 5. Todas las metas han sido logradas (por nosotros).

5 Answers will vary. Sample answers: 1. he aprendido algo. 2. no conozco ningún lugar. 3. no conozco a nadie. 4. siempre voy al cine con mis amigos. 5. quiero ni té ni café.

6 Answers will vary. Sample answers: 1. nos iremos de vacaciones. 2. es muy diversa. 3. se diviertan y no trabajen demasiado. 4. mis profesores estén contentos con mi trabajo. 5. tiene interés en esta causa. 6. yo me iría a vivir a otro país. 7. dejáramos de ser libres. 8. hubieras estado en casa.

7 1. Gonzalo es ingeniero y trabaja en una empresa de construcción. 2. Se queja a veces porque extraña a su familia y amigos. 3. La gente es muy amable y es un país que tiene una cultura muy interesante. 4. Son personas jóvenes que trabajan en diferentes áreas profesionales y quieren conocer el mundo. 5. La esposa de Gonzalo trabaja en un restaurante cerca del Museo del Prado. 6. Está muy contenta, va muy bien en la escuela, le gusta estudiar y tiene muchos amigos.

8 Answers will vary.

9 Answers will vary.

Lecciones 1–5 EXAMEN

1 1. locutor de radio 2. El programa se emite 3. treinta minutos de la emisora. 4. le gusta mucho su trabajo 5. informar a la gente de la actualidad 6. saluda al público y da los titulares 7. trabajando en este programa y despertando a los oyentes 8. seguramente aceptará la oferta

2 1. Para 2. Por 3. por 4. Para, por 5. por 6. Para

3 Answers will vary. Sample answers: 1. Mariana está muy orgullosa de su caballo. 2. El profesor Ruiz está en clase. 3. Beatriz es una mujer cuidadosa. 4. Mariana y Beatriz son inteligentes y populares. 5. Answers will vary. 6. Answers will vary.

4 Answers will vary.

5 1. hubo 2. llamó 3. estaban 4. recibieron 5. Eran 6. respondieron 7. consiguieron 8. era

6 1. me levanto/me despierto 2. me ducho 3. me visto 4. me maquillaba 5. despertarme/levantarme 6. me peino 7. me pongo 8. nos mudamos 9. te vas 10. relajarme 11. me acuesto 12. me dormí

7 Answers will vary. Sample answers: 1. A mí me sorprende el efecto invernadero. 2. A ti te disgusta el tráfico. 3. A los profesores les fascinan los museos. 4. A mis amigos y a mí no nos interesa el campo. 5. A mi familia no le gusta el divorcio.

8 1. Sí, recíclenlas./No, no las reciclen. 2. Sí, recójalos./No, no los recoja. 3. Sí, quémenla./No, no la quemen. 4. Sí, apáguelo./No, no lo apague. 5. Sí, échalos./No, no los eches.

9 Answers will vary.

10 Answers will vary. Sample answers: 1. esté unida. 2. la adora. 3. disfruten de buena salud. 4. estudiemos todos los días. 5. sepa mucho sobre la economía. 6. tiene mucho que aprender de la anterior.

11 Answers will vary.

12 Answers will vary.

13 1. Trabajó en un restaurante mexicano. 2. A veces se cansaba de escribir y tiraba los manuscritos a la basura. 3. Un productor importante lo llamó. 4. Trata de la vida de un grupo de jóvenes en Los Ángeles. 5. El director y el productor hablaron con Cristóbal sobre el argumento y los actores de la futura película. 6. Le ofreció un contrato de tres años para trabajar en Los Ángeles.

14 Answers will vary.

15 Answers will vary.

Lecciones 6–10 EXAMEN

1 1. Falso. 2. Falso. 3. Cierto. 4. Cierto.
5. Falso. 6. Cierto. 7. Falso. 8. Falso.

2 1. i 2. f 3. e 4. c 5. h 6. d 7. g 8. b

3 1. se me cayeron 2. se me dañó 3. se le olvidó
4. se nos acabó 5. se me perdieron

4 1. hayan recibido 2. he visto 3. haya habido
4. se han agotado 5. han estado 6. se hayan
recuperado

5 1. Marta le pidió al camarero que le trajera
un vaso de agua. 2. Te recomendé que vieras
esta película nueva. 3. Los científicos no
creyeron que fuera buena idea mentir sobre
sus descubrimientos. 4. El jefe insistió en que
los empleados llegaran a tiempo. 5. Dudé que
nuestro equipo ganara el partido.

6 Answers will vary. Sample answers: 1. se
construyan más escuelas. 2. protejamos bien
nuestro planeta. 3. van al cine. 4. mis ahorros
sean suficientes para comprar un coche.
5. nacen menos bebés.

7 Answers will vary. Sample answer: Luisa es
más organizada que José y prefiere hacer
más planes y hacer menos cosas de forma
espontánea. José es más espontáneo y no le gusta
hacer demasiados planes. A Luisa le encanta
divertirse tanto como a José. Luisa no acepta los
acontecimientos inesperados con mejor actitud
que José. Él es una persona tranquilísima…

8 Answers may vary. Sample answers: 1. **Teresa**
no había buscado un hotel antes de salir de
viaje. **Melisa** habría encontrado un hotel
mucho antes de salir de viaje. 2. **Teresa** había
decidido ir a la playa durante el invierno.
Melisa habría elegido ir a esquiar en el invierno.
3. **Teresa** había invitado a sus primos a
acompañarla. **Melisa** no habría invitado a nadie
a acompañarla. 4. **Teresa** no había comprado
boletos de regreso. **Melisa** habría comprado
boletos de regreso. 5. **Teresa** había olvidado
decirle a sus padres adónde iba. **Melisa** le habría
dicho a sus padres adónde iba.

9 Answers will vary. Sample answers: 1. iría a
Perú 2. no destruirá los rascacielos 3. yo
no tendría que estudiar hoy 4. consigo el
trabajo 5. no pasaría tantas horas delante de
la computadora 6. si no se hubiera jubilado
tan pronto 7. no lloraría cada vez que veo una
película romántica

10 Answers will vary.

11 Answers will vary.

12 Answers will vary. Sample answers: 1. La
historia de la civilización humana se compone
principalmente de descubrimientos y conquistas.
2. Con el paso del tiempo, los conocimientos y
la cultura de las civilizaciones fueron ganando
importancia. 3. Si los reinos de España y
Portugal no hubieran tenido unos conocimientos
muy avanzados sobre el mar, probablemente
Colón no habría llegado al continente
americano. 4. Las grandes conquistas del
mundo contemporáneo se producen de forma
económica. 5. El ejemplo que ofrece la lectura
es la multinacional Coca-Cola, que es una de
las compañías internacionales más importantes
y conocidas del mundo. 6. Otro aspecto que
determina si un país es desarrollado o no es el
avance tecnológico.

13 Answers will vary.

14 Answers will vary.

Lecciones 1–3 EXAMEN

1 Answers may vary. Sample answers: 1. Están separados por razones de trabajo. 2. Es reportera para un periódico. 3. No puede viajar hasta el final de su investigación. 4. Dice que está muy ocupado y que no tiene tiempo. 5. Le encanta la vida en la ciudad y le aburre la vida en el campo. 6. La doctora piensa que el marido está pasando por una crisis personal. 7. Dice que a veces es bueno que las parejas pasen tiempo separadas. 8. Le dice que salga a explorar y a conocer gente nueva.

2 1. pareja 2. segura 3. tempestuosa 4. tímido 5. inseguro 6. sensible 7. disgustado

3 Answers will vary.

4 Answers will vary. Sample answers: 1. A mí no me molestan las ciudades grandes. 2. A ti no te gustan los diarios sensacionalistas. 3. A los jóvenes les encanta la vida nocturna. 4. A mis amigos y a mí nos hace falta enamorarnos. 5. A mi familia le aburre el centro comercial.

5 1. estás 2. Es 3. está 4. es 5. está 6. está 7. eres 8. son

6 1. tuvimos 2. vino 3. contó 4. eran 5. discutían 6. decidió 7. era 8. pudo

7 1. Mañana la vamos a comprar./Vamos a comprarla mañana. 2. La pastelería de la Plaza Mayor nos lo prepara. 3. Sí, ya las enviamos. 4. Sara los trae. 5. Sí, la voy a limpiar. / Sí, voy a limpiarla.

8 1. Mis padres me lo regalaron. 2. Se la preparas. 3. Nos dijo que nunca los lee. 4. Quiere cantárselas./Se las quiere cantar. 5. Me lo van a publicar./Van a publicármelo. 6. Debo llevarlo al concierto de la universidad./Lo debo llevar al concierto de la universidad.

9 Answers will vary. Sample answers: 1. Lleguen más temprano. 2. ¡No la mires así! 3. Doble a la izquierda en la esquina. 4. Acompañémoslos al médico.

10 Answers will vary.

11 Answers will vary.

12 Answers will vary.

13 1. Viviana es periodista. 2. Comenzó a trabajar para una radioemisora. 3. Allí escribía pequeños guiones publicitarios. 4. Al mismo tiempo que trabajaba en la radio hizo un cortometraje con su amigo Javier. 5. Trabaja para un canal de televisión. 6. Están escribiendo un guión para una película.

14 Answers will vary.

15 Answers will vary.

Lecciones 4–6 EXAMEN

1 1. e 2. b 3. g 4. f 5. c 6. a 7. h 8. d

2 1. b 2. c 3. e 4. f 5. g 6. a 7. d

3 1. agradecer 2. cuñado 3. exigente
4. insoportable 5. desigualdad 6. ladrona
7. chantajear

4 1. a 2. a 3. c 4. b 5. c 6. c

5 1. volveré 2. visitará 3. nos iremos 4. vendrá
5. tendré 6. diré 7. se pondrá

6 1. b 2. a 3. c 4. c 5. a

7 1. Javier recicla tanto como Alberto. 2. Pepe
es mayor que su abogado. 3. En África hay
tantos animales en peligro de extinción como
en Asia. 4. Yo me parezco a mi madre más
que mi hermana. 5. El candidato republicano
habla peor que el candidato demócrata.
/ El candidato demócrata habla mejor que el
candidato republicano.

8 1. fuera 2. se vestían 3. regañáramos
4. estudiabas 5. hiciera

9 Answers will vary. Sample answers: 1. cumpla
sus promesas 2. haya buenos programas de
reciclaje 3. trabajen por los derechos humanos
4. se quejan de todo 5. sea moderno 6. nunca
dicen mentiras

10 Answers will vary. Sample answers: 1. los
carros híbridos salieron al mercado. 2. todos
ayudemos. 3. se agoten por completo.
4. no haya un exceso de basura. 5. la
contaminación no siga aumentando. 6. lo
anunciaron oficialmente.

11 Answers will vary. Sample answers: 1. Mis
padres se despiertan más temprano que yo.
2. Yo me preocupo tanto por el futuro como
mis amigos. 3. Mis padres se fijan más en
cómo se visten que yo. 4. Yo me acuerdo
mejor de mis tareas que mis amigos. 5. Yo no
me baño tanto como mi madre. 6. Mis amigos
se levantan más cansados que yo.

12 Answers will vary. Sample answer: Si yo fuera
presidente, yo les diría a los ciudadanos que
deben creer en mí. También trabajaría para
defender los derechos de los prisioneros
políticos y gobernaría de forma justa.
Trabajaría para prevenir los abusos sociales y
para mejorar el medio ambiente. Por ejemplo,
protegería la capa de ozono promoviendo los
carros eléctricos y reciclaría los carros privados
que consumen demasiada gasolina.

13 Answers will vary. Sample answers: 1. El
huracán llegará al área el martes hacia las diez
y media de la noche. 2. Seguramente habrá
cortes de electricidad y será difícil circular por
la ciudad. 3. Las autoridades recomiendan a
los ciudadanos que compren alimentos, agua y
linternas. 4. Dice que no saldría de la ciudad
después de las seis de la tarde. 5. Les aconseja
que vayan a uno de los refugios que hay en
la comunidad. 6. Si alguien tiene alguna
pregunta, existen varios números de teléfono a
los que puede llamar.

14 Answers will vary.

15 Answers will vary.

Lecciones 7–10 EXAMEN

1. 1. los medios de comunicación 2. se encontraba en el idioma español 3. mayor portal de Internet en español del mundo 4. departamento de policía de Nueva York 5. diarios famosos; han empezado a enseñar español a sus empleados 6. se ha convertido en el idioma más ofrecido en las escuelas privadas de idiomas 7. han visto aumentar su audiencia en un cincuenta por ciento 8. utilizan sus conocimientos de español para conseguir votos

2. 1. animada 2. gravedad 3. sueldo 4. aburrida 5. herencia 6. revolucionario 7. informática

3. 1. habría comprado 2. habría deseado 3. habrá visto 4. habrían preferido 5. habrá empezado 6. habré tenido

4. 1. está 2. vea 3. diga 4. me di 5. llegue 6. conteste

5. 1. La actriz principal fue descubierta por el director. 2. La lámpara eléctrica fue inventada por Edison. 3. Estas obras fueron creadas por Pablo Picasso. 4. La película *Munich* fue dirigida por Steven Spielberg. 5. La novela *Cien años de soledad* fue escrita por Gabriel García Márquez. 6. Los resultados fueron anunciados por el jefe del equipo.

6. Answers will vary. Sample answers: 1. Se me rompió la computadora. 2. A mi padre se le acabó el dinero. 3. Se me cayeron las llaves. 4. A mi amigo se le perdió el pasaporte. 5. A mis hermanos y a mí se nos olvidó el cumpleaños de mi madre.

7. Answers will vary. Sample answers: 1. todavía no había aprendido a conducir. 2. ya había empezado a estudiar español. 3. ya habían estado casados dos años. 4. había soñado con poder ir algún día. 5. la película ya había empezado. 6. ya había aprendido francés.

8. Answers will vary.

9. Answers will vary.

10. Answers will vary.

11. Answers will vary. Sample answers: 1. habría sido el hombre más feliz del mundo. 2. me hubiera graduado con honores. 3. yo tendría un puesto de trabajo asegurado. 4. voy a comprarles a mis padres una casa nueva. 5. hubiera sabido que iba a llover. 6. ellos hacen un buen trabajo.

12. Sample answers: 1. Creo/No dudo/Es verdad que el desempleo ha aumentado últimamente. / No creo/Dudo/No es verdad que el desempleo haya aumentado últimamente. 2. Creo/No dudo/Es verdad que los documentales han sido un éxito este año. / No creo/Dudo/No es verdad que los documentales hayan sido un éxito este año. 3. Creo/No dudo/Es verdad que mi profesor de español ha empezado a estudiar japonés. / No creo/Dudo/No es verdad que mi profesor de español haya empezado a estudiar japonés. 4. Creo/No dudo/Es verdad que yo ya he alcanzado mis metas. / No creo/Dudo/No es verdad que yo ya haya alcanzado mis metas.

13. Answers may vary. Sample answers: 1. Vicente había querido tener un perro como mascota. 2. Le sugirió a su novia que compraran uno. 3. La novia no estaba de acuerdo con comprar un robot porque los robots no tienen alma. 4. Dicen que los animales-robot pueden reducir el estrés de la persona que juega con ellos tan rápido como una mascota real. 5. Su teoría es que los animales-robot tienen todas las ventajas y ninguno de los problemas de los animales de verdad. 6. Los animales-robot no necesitan salir a pasear, no hacen ruido ni causan daños en la casa.

14. Answers will vary.

15. Answers will vary.

Lección 1

Cortometraje

Answers will vary.

Imagina/Sueña
ESTADOS UNIDOS

Answers will vary. Sample answer: La influencia del español es evidente en los cajeros automáticos, los servicios telefónicos y los avisos en los aeropuertos y estaciones de tren. También hay muchos estadounidenses que toman clases de español.

GALERÍA DE CREADORES

1. e. 2. c. 3. d. 4. a.

Answers will vary. Sample answers: 1. Narciso Rodríguez es un diseñador de ropa muy conocido. Tiene muchos clientes famosos. 2. Julia Álvarez es autora de muchos libros. Su familia escapó de la República Dominicana a los EE.UU. cuando ella tenía diez años. Sus libros hablan de la importancia de la identidad y la cultura. 3. Carmen Lomas Garza es una artista chicana que pinta escenas de la vida cotidiana mexicano-americana. 4. Robert Rodríguez es director de cine. Filmó muchas películas como *Spy Kids* y *Sin City*.

Lección 2

Cortometraje

Answers will vary.

Imagina/Sueña
MÉXICO

Answers will vary. Sample answers: **Bosque de Chapultepec:** Es el parque más grande de la Ciudad de México. Cubre más de seis kilómetros cuadrados. Dentro del parque hay varios museos. **El Metro:** Es la manera más eficaz y económica de viajar por la Ciudad de México. Cubre más de 200 kilómetros y más de cuatro millones de personas lo utilizan todos los días. **Paseo de la Reforma:** Es una de las principales avenidas de la ciudad. Allí encontramos museos, bancos, edificios históricos, hoteles, almacenes y restaurantes. **Tianguis:** Son mercados al aire libre donde venden toda clase de cosas, como comida, animales, canastas y tapetes.

GALERÍA DE CREADORES

Answers will vary. Sample answers: 1. **Nombre:** Gael García Bernal **Profesión:** Actor y director **Su obra:** Telenovelas, cortometrajes y películas como *Amores perros, Y tu mamá también, La mala educación* y *Déficit* 2. **Nombre:** Frida Kahlo **Profesión:** Pintora **Su obra:** Muchas pinturas, como *Autorretrato con mono* 3. **Nombre:** Elena Poniatowska **Profesión:** Escritora/Periodista **Su obra:** novela, cuento, poesía, ensayo, etc. Ejemplos: *La noche de Tlatelolco, Tinísima, La piel del cielo* 4. **Nombre:** Diego Rivera **Profesión:** Pintor/Muralista **Su obra:** murales y frescos, como *Batalla de los Aztecas y Españoles*

Lección 3

Cortometraje

Answers will vary.

Imagina/Sueña
EL CARIBE

Answers will vary. Sample answers: 1. Construyeron fuertes para proteger las enormes riquezas en oro, plata y piedras preciosas. 2. Son San Juan, La Habana y Santo Domingo. 3. La Bodeguita del Medio es un restaurante famoso por su comida típica cubana y por recibir a personalidades internacionales.

GALERÍA DE CREADORES

1. b. 2. b. 3. c. 4. a.

Answers will vary. Sample answers: 1. Julia de Burgos es una poeta puertorriqueña muy conocida. Sus poemas hablan de temas feministas y amorosos. 2. Rosario Ferré es una escritora puertorriqueña. Escribe cuentos, novelas, poemas, ensayos, etc. Un tema central de sus obras es la lucha de la mujer en un mundo dominado por los hombres. 3. Wifredo Lam es un artista cubano. Sus influencias son el arte africano y el arte primitivo. 4. Óscar de la Renta es un diseñador de ropa muy famoso. Es dominicano y trabaja principalmente en Nueva York.

Lección 4

Cortometraje
Answers will vary.

Imagina/Sueña
CENTROAMÉRICA

Answers will vary. Sample answers: **Semana Santa:** La celebración de la Semana Santa en Antigua, Guatemala, es una tradición muy importante. Hay procesiones con carrozas, decoraciones en las casas y las iglesias, y alfombras hechas a mano. **Día de la independencia:** Costa Rica celebra su día de la independencia de España el 15 de septiembre con desfiles y música. **Carnavales:** Los carnavales en Panamá son muy famosos. Duran cuatro días y cinco noches. Hay desfiles, carrozas, disfraces y comida variada. **San Jerónimo:** En el pueblo de Masaya, en Nicaragua, la gente celebra la fiesta de San Jerónimo. Dura 80 días y hay bailes, música y rica comida.

GALERÍA DE CREADORES
1. c. 2. a. 3. c. 4. b. 5. a. 6. d.

Lección 5

Cortometraje
Answers will vary.

Imagina/Sueña
COLOMBIA, ECUADOR Y VENEZUELA
Answers will vary.

GALERÍA DE CREADORES
1. e. 2. b. 3. c. 4. a.

Answers will vary. Sample answers: 1. Marisol Escobar es una escultora venezolana. La influencia del catolicismo se ve en su arte. 2. Gabriel García Márquez es un escritor colombiano muy famoso. Ganó el Premio Nobel de Literatura en 1982. El realismo mágico es evidente en sus obras. 3. Oswaldo Guayasamín fue un pintor y muralista ecuatoriano. Sus obras están en muchos lugares, como el aeropuerto de Madrid y la UNESCO en París. 4. Carolina Herrera es una diseñadora de moda famosa. Es venezolana y trabaja con muchos artistas de Hollywood.

Lección 6

Cortometraje
Answers will vary.

Imagina/Sueña
CHILE

Answers will vary. Sample answers: 1. El océano Pacífico y la cordillera de los Andes la definen. 2. Cuenta con una belleza natural extraordinaria y conserva los vestigios de la cultura de los Rapa Nui. 3. Pablo Neruda pasó su infancia y adolescencia en Temuco.

GALERÍA DE CREADORES
1. a 2. b 3. d 4. c 5. c 6. d 7. b 8. a

Lección 7

Cortometraje
Answers will vary.

Imagina
BOLIVIA Y PARAGUAY
Answers will vary.

GALERÍA DE CREADORES
1. c 2. b 3. c 4. b 5. d 6. a

Lección 8

Cortometraje
Answers will vary.

Imagina
PERÚ

Answers will vary. Sample answers:
Cuzco: Cuzco era la ciudad más importante de los Andes durante el imperio incaico. Hoy es la ciudad precolombina más importante del continente.
Iquitos: Es la ciudad más grande de la selva de Perú. También es una de las ciudades más importantes en la orilla del Amazonas. Sólo es accesible por barco o avión.
Las líneas de Nazca: Son líneas que se pueden ver desde el aire. Representan figuras geométricas, humanas y animales. Los antropólogos han considerado muchas teorías acerca del misterio.

GALERÍA DE CREADORES
1. a 2. a 3. c 4. b

Lección 9

Cortometraje

Answers will vary.

Imagina
ARGENTINA Y URUGUAY

Answers will vary.

GALERÍA DE CREADORES

1. b 2. e 3. d 4. c

Answers may vary. Sample answers: 1. Julio Bocca es un bailarín argentino. Fue uno de los principales bailarines y coreógrafos del mundo; hoy se dedica a la dirección. 2. Jorge Luis Borges fue un escritor argentino muy famoso. La literatura fue su pasión. Él era muy creativo y tenía mucha imaginación. 3. Julio Sosa fue un popular cantante de tangos que brilló en la segunda mitad del siglo XX. Se lo conoce por el apodo "el varón del tango" y murió en un accidente automovilístico. 4. Cristina Peri Rossi es una de las escritoras contemporáneas más conocidas. A través de su literatura expresa las dudas, las emociones y los deseos de todos los seres humanos.

Lección 10

Cortometraje

Answers will vary.

Imagina
ESPAÑA

Answers will vary.

GALERÍA DE CREADORES

1. d 2. a 3. b 4. e

Answers may vary. Sample answers: 1. Ferran Adrià es el dueño y jefe de cocina del famoso restaurante El Bulli, en Girona, España. Los expertos le llaman el Dalí de la cocina por su creatividad. 2. Santiago Calatrava es el arquitecto español más reconocido a nivel internacional. Sus obras combinan la arquitectura y la ingeniería. El color blanco está presente en todas sus obras. 3. Isabel Coixet es una directora de cine española. Prefiere escribir sus guiones en inglés y rodar fuera de España. 4. Ana María Matute es escritora. Ha escrito muchas novelas, cuentos y obras juveniles. Critica sutilmente la violencia y la hipocresía de España durante el franquismo.